誰もが前に出たがる世界で
控えめな人がうまくいく法

「謙虚な人」の作戦帳

ジル・チャン 著
中村加代子 訳

ダイヤモンド社

不假裝，也能閃閃發光
by
張瀞仁

First published in 2024 by Ark Culture Publishing House, Taipei
Japanese edition published by arrangement with Ark Culture Publishing House, Taipei,
in care of The Grayhawk Agency Ltd., Taipei, through Tuttle-Mori Agency, Inc., Tokyo

日本語版への序文――すべての謙虚な人へ

最初の著作『「静かな人」の戦略書』を出版したあと、私は普通の会社員から「ベストセラー作家」になった。

本は台湾のビジネス書の売り上げ記録を塗り替え、さまざまな国で年間ベストセラーになるなど、優れた成績を収めている。

出版から5年あまりが経ったいまでも、私のもとには、世界各国から多くのメッセージや招待が届き、ほぼ毎週のように感謝を伝えられる。

彼らは不慣れな言語を使って長いメールをしたためてくれたり、熱心に台湾の歴史や文化を学んでくれたりする。

なかには、私の国を見てみたいというだけで、わざわざ台湾を訪れる海外の読者までいるのだ。

でも、街なかで私だと気づかれて、一緒に写真を撮ったりサインをしたりするとき、あるいは仕事先で私の作品のファンに出会ったとき、私はいつも「あぁ、すみません……」と言ってしまう。

まるで、自分の存在を申し訳なく思っているみたいに。

私は注目されることが苦手だ。

もしかしたら、遅かれ早かれ、この成功は見かけだけのもので、たんに運がよかったのだと知られてしまうことが不安なのかもしれない。

本当はごく普通の人間なのに、偶然が重なって、身の丈にあまる影響力を持ってしまったことを、みんなに見破られるのが怖いのだ。

多国間にまたがるチームのマネージャーとして、アメリカで十数年働いた私は、こういう考え方にメリットなんてないと、よく知っている。

アメリカの職場では、つねに積極的なパフォーマンスが求められる。でも、自分の長所をアピールしたり、自分の意見を強く主張したりしなければならないとき、私はいつも心が締めつけられるような気分になった。

ほかの人にとっては、それは呼吸をするくらい簡単なことなのかもしれない。

だが私には、ものすごいパワーが必要だった。ときには、良心に背いているような気持ちにさえなった。

テレビやネットの番組に出演したときも、自分の長所を話すよう、司会者にじわじわと誘導されるような場面が、何度もあった。

そのたびに私は、壁に頭を打ちつけたくなるくらい、居心地の悪い思いをした。

謙虚に進歩を追求する

鎧《よろい》を着なければ戦えない自分は嫌だったけれど、仕方がなかった。

そんな私を、ある親友が変えてくれた。

その親友というのはプロ野球選手で、国内のみならず国際試合でも大活躍を見せ、街のあちこちで大きな彼のパネルを見かける。

チームメイトからも厚い信頼を寄せられている人物だ。

あるとき彼が、彼自身も私と同じ性格だと打ち明けてくれた（なんですって！）。

そして『MAJOR』に登場するセリフを教えてくれた。

「恐れるものなんて何もない。弱さを認め、怖さを知った選手ほど、手強いものはないからね」

この言葉が、私をすっかり変えてくれた。

それから私は、こう考えるようになった。

こんな私だからこそ、できることがあるはずだ、と。

私は、自分は不十分だし、何も知らないと思っているので、結論を急がず、まず人の意見に耳を傾ける。

人の意見や感じ方を気にするため、些細《ささい》なディテールから重要なメッセージを見つけられる。

怖がりなので、あらゆるメリットとデメリットを考慮してから、決定を下す。

失敗して挫折《ざせつ》感を味わいたくないため、リスクを未然に回避し、いっそ相手をコントロールできるように、念入りに準備をする。

普通は、持っているものが多ければ多いほど強くなれるものだ。だが反対に、いつも「不十分」な状態にある私たちは、尽きることのない原動力を持っている。

自分には何が足りないかを知っているため、**謙虚に、実直に、進歩を追求する**からだ。

すごい人ほど、上には上がいることを知っている。だからこそ私たちは、間違いなく、強く、向上心にあふれ、しなやかな輝きを放っているのだ。

日本で生まれた本

謙虚さと野心が共存できることを、私たちは知っている。

私たちは不安を抱きながらも、クールなことをやってのけることができる。

もし私たちが、生まれながらにして自信たっぷりで、オーラに満ちあふれていたとしたら、そんなことは永遠にできなかったかもしれない。

『キャプテン翼』に、印象深いセリフがある。

「百獣の王ライオンはウサギ一匹とるにも全力を尽くす」

いつも全力を尽くしている私たちは、まごうかたなきライオンだ。

私たちはプロ野球選手でも、多国籍チームのマネージャーでも、ハリウッドスターでも、あるいはほかのどんなものにだってなれる。

『「静かな人」の戦略書』を出版したあと、見かけだけの成功だと見破られるのが恐ろしかった私は、もう二度と本なんて書けないと思った。

でも日本のみなさんが、もう一度書きはじめる勇気をくれた。

プロモーション活動のために東京に滞在していたあいだ、私は想像をはるかに超える善意を受け取った。それは、自分は正しいことをしたのかもしれないと思わせてくれるほどのものだった。

みなさんの優しい視線や温かな励まし、心のこもったメッセージに触れて、私は、「もしかして私の書いたものは、本当に誰かのパワーになっているのかも？」と考えるようになった。

だから帰りの飛行機のなかで、この本を書きはじめた。

日本で誕生したこの『「謙虚な人」の作戦帳』が、ダイヤモンド社およびタトル・モリエイジェンシーという優秀なチームの働きで、生まれ故郷に帰る機会を得たことを、とてもうれしく思う。

前作同様、本書もまた、台湾人からのささやかでありながら、全身全霊をかけた感謝だ。

この数年、台湾は日本に大いに助けられてきた。新型コロナウイルスのワクチンが入手できなかったときも、地震が発生したときも、私たちはいつもいちばんに、日本の強く温かな優しさに触れた。

本書がこれからも、私たちの架け橋となれるように。

また、本書の翼に乗って、いつの日か日本のみなさんと再会できることを、心より願っている。

ジル・チャン

「謙虚な人」の作戦帳　目次

日本語版への序文――すべての謙虚な人へ　1
謙虚に進歩を追求する　3
日本で生まれた本　5

INTRODUCTION
「謙虚さの力」を発揮する　23
「見せかけだけ」と思われないか？　23
どんなことでも「全力」で取り組む　25
「入念な準備」で対応する　28

PART 1
「謙虚」なままで前に進む
自分を知る作戦

CHAPTER 1
「謙虚な人」の心のなか …… 33
「客観的な評価」と主観が合わない …… 33
ほめられても「全否定」してしまう …… 36
「謙虚さ」は文化に由来する? …… 37
「折り合い」をつけて前進する …… 40

CHAPTER 2
「完璧さ」にこだわらない …… 42
朗らかな上司も「同士」だった …… 42
「高い基準を持つこと」と「完璧主義」は違う …… 46
完璧さより「進化」を重視する …… 48
「運も実力のうち」と考える …… 50
謙虚な態度で「堂々と」ふるまう …… 51
「自分は正しい」というマインドセット …… 54

「協力してもらえる」ことも能力である　56

CHAPTER 3

「自分の反応」を理解する

「自分の反応」を理解する　59
バラはとげがあっても美しい　59
「自尊心」を高める5つの方法　61
「正確な自己認識」をするには？　62
「現状」を冷静に整理する　64
「自分にできること」を積み重ねる　66
恐れるのは「大事なこと」の証　67
「最悪の予想」と「最高の予想」を書き出す　68
失敗しても問題ない――すべては「確率」の問題でしかない　71
その感情は、ただの「反応」にすぎない　73

PART 2

「謙虚な人」の行動戦略

個性を生かす作戦

CHAPTER 4 自分で「自分の友人」になる …… 77

こんなとき、「親友」ならなんて言う? …… 77

「メンタル」が自然と強くなる …… 78

CHAPTER 5 「継続できる目標」を設定する …… 83

努力家の悩み …… 83

目標が適切かどうか見分ける …… 85

「ちょうどいい目標」のつくり方 …… 87

背後の「理由」を考える――本当にやりたいと感じるか？ 87
目標リストを「スリム化」する――大事な3つをピックする 89
「小さな目標」を設定する――継続できる目標にする 91
目標をどんどん高くしない――「つねに全力」を前提にしない 93
「あきらめる」条件を決める――試合終了してもいいときは？ 94

CHAPTER 6

「レジリエンス」を高める

「レジリエンス」を高める 97
「熱血」で逆境に立ち向かえるか？ 97
たんたんと「試行」を繰り返す――失敗は多いほどいい 99
ゆっくり、小さな失敗をする――「系統的脱感作」という方法 102
「目の前のこと」を重視する 103
「もうひとりの自分」をつくる 106
「心理対比」と「実行意図」を活用する――メンタルを鍛えるには？ 109
「失敗は存在しない」と考える 111

CHAPTER 7

「自己評価」を上げる

「自己評価」を上げる …… 114
能力の高い人は自分を「過小評価」する …… 114
客観的に自分を評価する …… 116
「恥ずかしい思い」を口に出す …… 118
「事実」をリストアップする …… 120
長所を満載した「宝石箱」をつくる …… 122
「成長マインドセット」を意識する …… 123
「励ましの力」は侮れない …… 125

CHAPTER 8

「SNSの沼」から抜け出す

「SNSの沼」から抜け出す …… 127
知らぬ間に「依存症」になっている …… 127
友人の活躍を見るほど「自己評価」が下がる …… 130
リアルの自分は「SNSの自分」に一生勝てない …… 132

自分をどう思うかで「時間の使い方」が決まる 134
SNSを「目に入れない」ようにする 136
「10分待つ」というシンプルな方法 138

PART 3

「控えめ」だから成功する

さりげなく勝つ作戦

CHAPTER 9

違うことは「強み」である 143
「自分には資格がない」という思い込み 143
グーグルが新人を育てる方法 145
「溶け込んでいない」という強み 147
「なぜここにいるのか？」を思い出す 149

ここは「オリンピック会場」ではない 151
「他人との違い」が利点を生む 152
「写真に写り込む人」のようにアピールする 154
手を挙げてから考える 156

CHAPTER 10

「ここぞ」の場面で主張する 160
大事な場面で「本来の力」を発揮できない 160
「自分は何者か」という問いに向き合う 162
存在意義を「言語化」する 163
意見を言いやすくなる「3つのフレーズ」 166
すべての要求に応える必要はない
——ときに「押し戻す」ことでうまくいく 169
「最後の一線」を決めておく 172

CHAPTER 11
「変化への抵抗」を消し去る 174
がんばっているのに「足りない」と思ってしまう 174
「変化」という壁を乗り越える 176
「準備万全」まで待ってはいけない 177
自分の「コアバリュー」を確認する 180
決断したあとは「反省」しない 184
「価値観に沿った行動」をとる 185

CHAPTER 12
さりげなく絶妙に「アピール」する 188
「自己PR」に抵抗がある 188
「弱さ」は強いアピールになる 190
「私」の代わりに「私たち」を推す 192
ルールのなかで「ストライク」を稼ぐ 194

CHAPTER 13
謙虚な人の戦略的交渉術 197
薄氷を踏むような場面 197
「客観的事実」を根拠にする 200
「最後の切り札」を用意しておく 201
「自分の価値」を把握する 203
「いったん持ち帰ります」という便利な武器 204
謙虚な人は「イヤなやつ税」がかからない 206
謙虚だからこそ「慎重」になれる 208

CHAPTER 14
人間関係は「境界線」でうまくいく 211
潜入捜査官のような「2つの人格」 211
「頼みごと」で距離を縮める 213
「境界線」を引いて、主導権を握る 217

「感覚」と「事実」を分けて考える　219

CHAPTER 15
「一目置かれる人」の仕事術　222
部下の立場から上司をあやつる　222
「先制攻撃」をする側が、ほとんどのことを決められる　224
「決めた日時」に声をかける　226
相手の「目標」と「期待」を把握する　227
自分から「ルール」を提案する　227
「過度な誇示」と「過度な謙虚」のあいだ　229

CHAPTER 16
「謙虚なリーダー」に人はついてくる　233
一夜にして白髪になりそうだったできごと　233
他人を信じられず「パンク」してしまう　236

自分を疑うことで「現実」を直視できる …… 238
弱さを見せることで「信頼関係」をつくる …… 240
人を助けると「自分の価値」が見えてくる …… 243
経験を共有して「メンター」になる …… 244

PART 4

「謙虚さ」はあなたを強くする

さらに前に進む作戦

CHAPTER 17 その個性を「武器」にする …… 250
変わろうとするより、個性を生かす …… 250
「違うこと」こそが印象に残る …… 253
「考えすぎてしまう」からうまくいく …… 255
欠点を直すより「長所」を生かす …… 257

困難が「強み」を生み出す　259

CHAPTER 18

「唯一無二」の存在になる　261

「自分の問題」に集中する　261
自分を選んだ「相手」を信じる　263
「自分が自分であること」を誇りに思う　264
自分を「証明」なんてしなくていい　266
「マスターマインドグループ」をつくる　269
自分で自分を助ける　272

おわりに　275

「美しい風景」を見逃さないように　275
地図のない旅路　276

「べき」を捨てる 279
「平凡」はすばらしい――現実はリアリティショーではない 282
「時間の魔法」を使う 284
苦労している人を気遣える 286
自信がないから「人の意見」を聞ける 288
謝辞 291
参考文献 i

凡例

中国語の人名は基本的に現地の発音にもとづいてルビを付したが、広く知られている英名がある場合はその英名の読みをルビとした。

INTRODUCTION

「謙虚さの力」を発揮する

「見せかけだけ」と思われないか？

ジルはいつもと同じようにメールを開いた。
だが今日はあまりの驚きに、すぐ閉じてしまった。
何度か深呼吸を繰り返したあと、勇気をふりしぼって、もう一度そのメールを開いた。

見間違いではない。ある大物企業家が彼女に会いたいと言っている。メールはアシスタントや弁護士を通じたものではなく、彼個人のメールアドレスから、彼女ひとりに宛てて送られたものだった。

ジルは国際的なフィランソロピー機関のコンサルタントだ。クライアントの国際的な慈善活動の戦略策定をサポートし、寄付金が効果的に使われているかチェックするのが仕事だ。クライアントは、アメリカの個人またはファミリー財団。財団の設立は、節税対策によく選択される手法だ。

ジルは日々、こうした篤志家《とくしか》や彼らの弁護士、会計士、財務コンサルタントと接している。彼らの財産は、彼女の想像をはるかに超えるものだ。

ごく普通の会社員である彼女は、最初はゼロがずらりと並ぶ状況に怖気《おじけ》づいて、身心に不調をきたしてしまいそうだった。

それを避けるためには、数字はただの数字として扱うことが最善の方法だと学んだ。

守秘義務がある仕事の性質上、気持ちを分かち合える相手もほとんどいない。

パートナーだろうが競合相手だろうが、彼女が話せることは多くない。

今回はなおさらだ。

1週間後のミーティングにどうやってひとりで立ち向かうべきか、彼女は頭を悩ませた。

「絶対にうまくいかない！」

普段はあまり自信の持てないジルだったが、これだけは自信があった。

「長年ビジネスの世界にいて、数え切れないほどの人と接してきた彼のような企業家なら、ほんの些細な点からでも、私が見せかけだけのニセモノだと簡単に見抜いてしまうはずだ」

焦《あせ》りに包まれたジルは、相手に関する資料を何度も何度もチェックすると同時に、頭のなかで当日のシミュレーションを繰り返した。

どんなことでも「全力」で取り組む

約束の日がきた。

彼女は20分前に到着し、待ち合わせをした5つ星ホテルのラウンジに座った。

床から天井まである大きな窓の外には青々とした芝生が広がり、夏の夕方の日差しはまだまぶしかった。

ラウンジの明るい様子とは反対に、ジルの心のなかは暴風雨が吹き荒れていた。

「私はこんなところで何をしてるんだろう？　どうして私なんだろう？　この大口のクライアントを逃したらどうしよう？　明日真っ先に辞職を願い出ればいい？」

窓の外に広がる金曜日の夕方のリラックスした雰囲気とは対照的に、彼女の目には世にも悲惨な光景が映っているようだった。

「そうよ、どうして私はここにいるの？」

ジルは手にじっとり汗をかいていた。

心を静めて思い返す。

自分はもう十数年もこの業界にいる。小さな国の代表から始めて、いまのポジションまで上りつめてきた。

この長い経験のおかげで、利害関係者《ステークホルダー》が考慮するであろう各ポイントが、彼女にはわかっていた。

自分は完璧ではないと思うからこそ、彼女は何でも全力で取り組んできた。

自分では最善の判断ができないと思えば、柔軟な態度で、積極的にまわりの意見に耳を傾けた。

彼女はビジネス雑誌に登場するような輝けるマネージャーではないかもしれないが、チームのメンバーは彼女のことを気に入ってくれているようだ。考えてみれば、それだって彼女の強みだと言えるだろう。


ここまで考えて、ジルの心境に変化が生じた。

「先方が私に会おうとするのは、私の知識や経験、サポートを必要としているからだ。たしかに彼らは巨万の富を持ち、グローバル企業を見事に経営しているかもしれない。

でも国をまたいだ慈善活動は、私の専門分野だ。

合法的に海外へ送金して税額控除を受ける方法について、私はよく知っている。寄付するのに適した団体の探し方も、寄付金の管理方法も、そしてその効果を長く持続させる方法だって熟知している。

私たちは対等なパートナー関係だ。決して不平等な主従関係なんかじゃない。

彼に適した戦略を、丁寧に提案すればいいんだ」

そう自分に言い聞かせると、ジルの心は落ち着いた。

「入念な準備」で対応する

相手が現れ、軽い挨拶《あいさつ》を交わすと、さっそく本題に入った。

彼は単刀直入に言った。

「こんなに高い手数料を取るところは、ほかにありませんよ。他社にも訊いてみたんですがね、少なくとも2パーセントは低いんです。これだけ大きな額を寄付するんですから、最低でも2パーセントの割引をお願いしたいですね」

まさに金額が大きいからこそ、0・5パーセント違うだけでも大きな差が出る。

ジルは心のなかで、いかなる武器で対抗し、いかにして自分の価値を証明すべきか考えた。

だが結局のところ、彼女は自分らしいやり方を選択し、笑顔で言った。

「**そうなんです、弊社はよそよりも高いんですよ**」

事前に行った詳細なリサーチにもとづいて、彼女は医薬品を取り扱っている先方がもっとも理解しやすい例を挙げた。

「先発医薬品と同じことですよ。御社では薬の効果を最大限発揮できるように、大変な労力を費やして、費用対効果、製造技術を考えていらっしゃいますよね？　寄付も同じです。私たちは寄付金が必ず受贈先に届くことをお約束します。1セントだって無駄にはしません」

彼女が言外に匂わせたことを、先方はすぐに理解し、笑顔を見せた。

先発医薬品の特許が切れると、他の製薬会社が同じ成分、効能、製造プロセスの薬をつくることが可能になる。これをジェネリック医薬品（後発医薬品）と呼ぶ。通常、ジェネリック医薬品はコストが低い代わりに、有効性や吸収性は先発医薬品に劣ることが多い。

これを国際的な寄付に照らして言えば、低料金を売りにする企業もあるにはあるが、手続きに時間がかかったり、ひどい場合には先方にスムーズに寄付が届かなかったりするケースもある。一部のジェネリック医薬品が体にしっかり吸収されないのと同じことだ。

このたとえ話のあと、価格交渉の話はもう出なかった。もっと気軽な会話に切り替わり、ジルは自分が任務を達成したことを知った。

その後クライアントは、ほかの企業を探しはしなかった。彼はジルのサポートのもとで、相手国の医療環境を改善するべく、多額の寄付を続けた。

そう、ジルは私だ。

自己不信に陥《おちい》ったり、自信を喪失したり、いつ正体を見破られるかと怯《おび》えたりする気持ちもあるけれど、いまの私はそんな思いとも共存することができている。

PART

1

「謙虚」なままで前に進む

自分を知る作戦

あるときミシェル・オバマは、イギリスのエリザベス・ギャレット・アンダーソン・スクールで、生徒たちに向かってこう話した。

「私は力不足じゃないかしら？　こんな疑問がずっと頭にこびりついて離れません。それは私が子どものころからずっと言われ続けてきたことだからです。あなたには能力が足りないんだから、目標はあまり高く設定しないほうがいいとか、そんなに意見を言わないほうがいいとか。

でも、とっておきの秘密を教えましょう。

私はみなさんが想像し得る、あらゆる権力の中枢に身を置いてきました。NPOや基金団体、企業で働いたこともあれば、大企業の取締役を務めたこともあるし、サミットにも参加したし、国連で議論に参加したことだってあります。

でもね……、そこの人たちもみんなたいして頭がよくないの（笑）」

最後の言葉に、私は大笑いした。

謙虚すぎる考え方が現れたときには、こういう「精神的勝利法」のお守りが必要なのかもしれない。これなら、内面から鍛えることができる。

ではどうやって鍛えればいいのか、一緒に見ていこう！

CHAPTER 1 「謙虚な人」の心のなか

「客観的な評価」と主観が合わない

ジリアンは最近、会社から契約を更新しないと告げられ、仕事探しに頭を悩ませている。困った彼女は、かつてのマネージャーであるジェイソンに苦境を訴えた。

「会社の組織見直しで、辞めることになったの。でも私は何もできないし、どこで次の仕事を探せばいいのかわからないのよ。どうしたらいいと思う？」

ジェイソンとジリアンは最高のパートナーだった。

それぞれ違う国にいて、直接会うことは少なかったが、彼らは難しいプロジェクトをいくつもやってのけた。

チームには、ふたりが一緒に面接をしたメンバーが何人もいる。同僚ではなくなったいまも、頻繁《ひんぱん》に連絡を取り合ういい友人だ。

「もしまたジリアンと一緒に仕事ができるなら、僕は何だってするよ」

とジェイソンは言った。たんなる慰めにすぎないとわかってはいても、味方がいると知って、ジリアンの心はだいぶ落ち着いた。

「少し前に、アダムが西海岸まで僕に会いに来たのを知ってる?」

アダムも彼らの昔の同僚だ。引っ越しに伴って転職し、いまや10か国以上にわたるチームをマネジメントしている。

「アダムと会ったとき、僕らはふたりで、ジリアンは本当にすばらしいという話ばかりしていたんだよ。君もあの場にいたらよかったのに。そうしたら、僕らがどれだけ君と一緒に仕事をしたがっているかわかったはずだよ」

ジェイソンはそう言ってくれたが、ジリアンには自分がほめられる理由がわからなかった。

彼女にしてみたら、**ただ精一杯に日々を過ごしているだけ**だ。

気をつけているのは、問題を起こしたり、人の目を引いたりしないようにすること。ましてや昇進なんてもってのほかだ。毎日、平穏無事に退社時間を迎えることだけが、彼女の望みだ。

新入社員の面接を担当するときには、自分は数年早く入社していてよかったと胸をなでおろした。こんなに優秀な人たちと競わされたら、自分なんて絶対にかなうはずがない。

新しいプロジェクトを受注すれば、自分の不注意やミスのせいで失敗するのではないかと、いつも不安でいっぱいになる。

うまく仕事をやりとげても、ただ運よく神のご加護に恵まれただけだと人に悟られるのが怖かった。

「誰だって自己不信に陥ることはあるよ。君のそれはインポスター症候群っていうんだ。ほとんどの人が経験しているよ。もちろん僕もね」

と、ジェイソンは穏やかな口ぶりで言った。

ほめられても「全否定」してしまう

友人のミシェル・クオはみんなから、聡明でクールな人だと思われている。彼女は米国トップのロースクールを卒業して弁護士資格を取得したが、多くの同級生たちとは違って、ウォール街や大手弁護士事務所の一員にはならなかった。代わりに、人権派弁護士になってＮＰＯ団体で働き、国内にいる不法移民の権利のために戦っている。

彼女は頭の回転が非常に速く、多くの案件をこなしながら本を書き、いろいろな組織でボランティア活動に勤《いそ》しみ、さらにニュースレターまで発行している。謙虚で共感力が高い彼女は、さまざまな文化や社会の課題を鋭く観察している。

あるとき、ちょうど私もミシェルも台北にいたので、日本料理店で一緒に食事をした。その席で何の気なしに、「次の本はいつ出るの？」と尋ねると、彼女はうつむいてしまった。

「もう本なんて書けない気がするんだ。だってあまりに苦しいんだもの。書くのが大変なのはまだいいんだけど、**本が出て誰かがほめてくれるたびに、全力で否定したくなってしまう。**心のなかではいつも『みなさん勘違いしてます。私はただ見たことを書いただけなんです！』って思ってるの。いっそその場から走って逃げたいくらい」

私はびっくりして彼女を見た。

嘘でしょう？　それは私の心にインストールされているOSじゃないの？　こんなにも優秀な人も同じなの⁉　ミシェルみたいな人までそうだってことは、まさか、ほとんどの人が同じ経験をしているってこと⁉

「謙虚さ」は文化に由来する？

あなたは「おめでとう」と言われるのが怖いと感じたことはあるだろうか？

あるとき、私は会社創設以来初めての、アジア出身の米国本部マネージャーのポジションについた。

アメリカで出版された私の著作がアマゾンの売り上げランキングに入って、いわゆるベストセラー作家になり、世界各地から講演の依頼が舞い込み、リンクトインでも、各国からつながり申請が届くようになった。

でも当時の私の気持ちは「これはまずいことになった！」だった。

そもそもが大いなる誤解なのだ。みんなが祝福してくれる一方で、私は無理やり笑みを浮かべて、「たいしたことじゃないんです、運がよかっただけで……」などと伝えるのが精一杯だった。

するとみんなは励ますように「えっ！　**謙虚すぎますよ。素直に受け止めておけばいいじゃないですか**」と言うのだ。

きっと彼らにはわからないだろう。自分がそこへ到達できたのは一生分の運を使い果たしたからであって、もはや能力があるふりをし続けるだけの運は残されていないと、私が心の底から信じていたことを。

「すぐにメッキが剝《は》がれて、すべてまやかしだと見破られるに決まってる。少し私を知れば、本当の私は実力もなければ、頭脳明晰でもなく、計算も間違えれば、電話でも口ごもる人間だってことがわかってしまうはず」

私は混乱し、怖かった。

まわりの人を失望させないように、できるふりをし続けて、職場にも貢献しなくてはいけないと思う一方で、明日、いや、次の瞬間にも誰かが私は木偶《でく》の坊だと見抜くのではないかと恐れていた。

違う、木偶の坊にだって、少なくとも人形としての価値はある。けれど私には、本当に何もないのだ。

そんなふうに私は内心びくびくしながらも、職場で認められるように努力した。同時に、無能だと見抜かれないように、必死に祈り続けた。

年を重ねるにつれて、このような感覚がいったいどこから来るものなのか知りたいと思うようになった。

自信に乏しく、敏感で内向的な、個人の性格によるものなのだろうか？

あるいは私が育った**東アジアの文化が、謙虚を美徳とし、手柄を誇ることをよしとしない**からだろうか？

有名な心理学者ジェサミー・ヒバード博士の著作を読んで初めて、これこそが「インポスター症候群」や「ニセモノ（詐欺師）思考」と呼ばれるものだと知った。

「折り合い」をつけて前進する

どちらかと言えば、私は「ニセモノ思考」という呼び方が好きだ。「症候群」というと病気のようだが、実際にはこれは短期あるいは長期にわたる、ある種の状態を指している。

つまり、自分は成功に値しないと感じ、知性や能力が不足していると信じている状態をいう。[1]

ヒバード博士によれば、このニセモノ思考にもさまざまなレベルがあるという。自分には仕事をやりとげられないのではないかと、たまに心配になるくらいのレベルから、いつ正体が見破られるかと、つねに怯えているレベルまでいろいろだ。特定の状況や領域（たとえば新しい環境に身を置いたとき）においてのみ似たような経験をする人もいれば、四六時中、強烈な不安に悩まされている人もいる。なかには家にいるときにまで、突然すべてを失ってしまうのではないかと恐怖する人までいる。[2]

研究によると、**こうした感覚に陥った経験がある人は、なんと70パーセントにもの**

ぼるというのだ！[3]

「インポスター症候群研究機構」が示した数字では、とくに経営層にこの傾向が強く、企業家や中小企業経営者の84パーセントが経験しており、80パーセントのCEOが自身の能力不足を感じているという。[4]

ということはつまり、あなたのボスは、会議で来年の業績目標を堂々と語ったり、みんなの前でチームを叱り飛ばしたりしながら、心中では、「私はいま何をしているんだ？　なぜここで、このチームをマネジメントしているんだろう？　本当は私には高い給料やいまの地位に見合うだけの能力なんてないと、彼らに見破られやしないだろうか？」と考えている可能性があるのだ。

話を戻そう。

自己不信に悩まされるミシェルは、執筆をあきらめたのだろうか？

いや、彼女はじつに見事なニュースレターを発行し続け、多くの読者から賛助金まで得た。さらに異文化における彼女の戦いをテーマとした、次の本の執筆も始めた。

ミシェルは自分のメンタリティと折り合いをつける方法を見つけ、前へ進み続けたのだ。私たちにだって、できる。

CHAPTER

2 「完璧さ」にこだわらない

朗らかな上司も「同士」だった

この文章を書いているとき、ちょうど私の前の上司がアメリカから電話をくれた。

彼は背が高く、がっしりとした体つきをしていて、太陽みたいに朗《ほが》らかな雰囲気をまとったアメリカ人だ。

彼と並んだ私は、かよわく見えたことだろう。

でも私は、彼から圧迫感を感じたことはない。

むしろ、彼はいつも私にパワーをくれる存在だった。


「週末は何してるの？」と彼は私に訊いた。

「いま本を書いてるの。謙虚で自己評価が低くて、自分はニセモノだと感じてしまいがちな人に関する本を書きたいと思って」

「なんだって？　ジル、そのテーマは最高だよ。きっと多くの人の助けになるよ！」

彼はアメリカ人らしい大げさな口ぶりで言った。

「そうかな？」

「僕の理論を聞いてみたい？」そう言って、彼は語りはじめた。

「ものすごく聡明な人は、自分は何をやっても人より優れていると知ってる。反対に、ものすごく鈍い人は、自分がどれだけダメかまったく気づいていない。その中間の人たちは、おおかたみんなニセモノの感覚を経験してるはずだよ。僕だってそうだよ。僕は学生時代からずっと、自分はニセモノだって感じてるんだ」

彼の理論はとても理にかなっているように思えた。

でも私をいちばん驚かせたのは、彼がずっとそんな感覚を抱いていたということだ！

彼はもともとアメリカで財務コンサルタントをしていたが、その後、世界を飛びまわり、韓国やベトナムで働いたかと思えば、モンゴルでも1年間ボランティアに従事した。

そして最終的に、国際ＮＰＯ組織に入って働きはじめた。

家庭も円満だし、どこへ行ってもうらやましくなるような速さで友人をつくった。要するに、彼を好きじゃない人なんていないのだ！

もう何年も前の夏に数週間だけ一緒に過ごしたインターンたちも、いまだに彼と連絡を取っているくらいだ。

こんなにも愛されている彼が、自分はニセモノだという感覚を持つ意味がわからない。

詳しく聞いていくと、彼は具体的な経験について話してくれた。

「中学のときから、いつも自問してたんだ。『自分はここにふさわしいのか？』ってね。職場でもそうだよ。いつも外部の評価がほしくて、昇進するまで努力し続けたんだ。それくらいやってようやく、よくできたと思えた。

でも問題は、昇進するということは、また新しいポジションに就くということだろう？　そうすると僕はまた、自分はそのポジションにふさわしくないんじゃないかと思いはじめるんだ」

「同じポジションに長くいて仕事に慣れてきたら、その感覚は改善するの？」

と私は尋ねた。

「時間が長くなれば、当然仕事は上手にこなせるようになる。でも今度はこう考えはじめるんだ。こんなにも時間が経ったのにまだ同じ仕事ばかりで昇進もしないなんて、きっと僕に何か問題があるか、ちゃんとできていないかだって」

このあまりにも謙虚な考え方に、私は心底驚いた。

こんなにも朗らかでフレンドリーで、ポジティブなエネルギーに満ちていて、愛と希望を振りまいているような人が、ずっとそんなかたちで自分に鞭打《むちう》ってきたなんて、とても信じられなかった。

「高い基準を持つこと」と「完璧主義」は違う

最近あちこちでBLACKPINKの曲を耳にする。もはや社会現象と呼べるほど注目が集まっている韓国のポップスグループだが、そのなかで私が最初に知ったのは、タイ出身のリサだ。

彼女のパフォーマンスは、たった1分で人の心をわしづかみにしてしまう。マネジメント会社のYGエンターテインメントは、まるで無数の砂のなかから金を探し出すように、どうやってこんなにも完璧な歌手を探し出すことができたのだろうと、いつも感心してしまう。

リサはバービー人形のようにすらっとしていて、歌もうまければラップも上手だし、ダンスにいたっては指導者クラスだ。

何よりも、ポジティブなエネルギーに満ちた明るい性格で、まさに太陽みたいなミューズなのだ。

あるとき、中国のタレント育成番組にコーチとして招かれたリサを見て、彼女がどれだけ厳しい基準を持っているかを知った。

訓練生にダンスを教えるとき、彼女は指先の動きにまで正確さを求めた。

また、訓練生たちはそれぞれ身長や柔軟さがばらばらだったが、それでも腰をかがめるときにはぴったり高さをそろえるように指導した。

「自分が訓練生だったころ、よく振付を担当していたから、細かいところまで気になるの」とリサは訓練生たちに言った。「難しいのはわかってる。でもみんなでこれができたら、すっごくステキに見えるよ！」

彼女は厳しかったが、「こんなこともできないようじゃ話にならない」という言い方はしなかった。

これこそが、「高い基準を持つ人」と「完璧主義者」の違うところだ。

リサのような高い基準を持つ人は、自分や他人が間違いをおかしても許し、**失敗から学んで、進歩する時間とゆとりを与える**。

それに対して完璧主義者は、間違いをおかしたり目標を達成できなかったりした場合には、自分を責め、いつまで経っても自分はダメだと考えてしまう。[1]

完璧さより「進化」を重視する

アメリカの起業家マリー・フォーレオは、著作『あなたの才能を引き出すレッスン』（KADOKAWA）のなかで、高い基準を持つことは健康的だが、完璧主義の核は「恐れ」だとしている。

失敗や間違い、批評される、笑われる、醜態をさらす、そして力不足に対する恐れ。こうした恐れがあると、投げ出したり二の足を踏んでしまったりすることもあるだろう。

最良のマインドセットは、「**完璧を求めない。進歩だけ求める**」だ。

間違いや、時間をかけること、何度も挑戦することを自分に許し、できないことばかりに目を向けるのではなく、どれだけ進歩したかというほうに目を向けてみよう。[2]

学術界で非常に有名なある教授は、いつも学生にこう言っている。

「大丈夫、一度で完璧な論文を提出する必要なんてないんだよ」

彼はアメリカの有名校で教鞭をとっている。

なぜトップレベルの優秀な学生たちにわざわざそんなことを言うのか、尋ねてみると、彼は笑って答えた。

「僕も以前は、自分の極限までやりきったものしか人に見せたくなかったんだ。でも信じてほしい。完璧を求めていたら、何も提出できなくなるだけだよ」

教授のこの言葉は、自分たちをある種の檻《おり》から解放してくれたと、学生たちは言う。それどころか、修正と改善を繰り返していくプロセスのなかで大いに進歩し、新たな可能性がひらけていくそうだ。

言ってみれば、**完璧なんてたんなる幻想にすぎないのかもしれない。**

たとえば数学の完全数（6＝1＋2＋3のように、その数字を除く正の約数の和に等しくなる自然数）や、完全平方（9＝3×3のように、ある整数または整式の二乗になっている整数または整式）、または野球の完全試合（先発ピッチャーがひとりのランナーも出さずに投げ切る試合）などのように、限定的な環境においては、完璧なものはたしかに存在する。

しかし、その限られた範囲のなかであっても、完璧なものはめったに見られない。

野球で言えば、完全試合は全米のメジャーおよびマイナーリーグの約15000試合で1、2試合程度だ。

私たちのような平凡な人間が、そんな手の届かない概念を精一杯追求するのは、あまり現実的ではないだろう。

アメリカのオフィスでは、最終的にフィックスする前の途中の書類はすべて「進行中（in-progress）」と呼ばれる。書類に限らず、作品やそのほかのことでも「進行中」ととらえて、1つ前のバージョン、あるいは少し前の自分よりよくなっているかどうかに重点を置けば、ものごとはもう少しシンプルになるかもしれない。

「運も実力のうち」と考える

謙虚な人は自らの成功の理由を、運というあいまいな外的要因に求めることが多い。面接を通過できたのは、運よく自分が答えられる質問をしてもらえたからだ。この製品の売れ行きがいいのは、タイミングよくクライアントが購入してくれたからだ。賞を受賞できたのは、たまたま審査員の好みにあっていたからだ、などなど。

だが、運だけでそんなにも多くのことが達成できるだろうか？

あるいは、私たちが何かよいことをしたから、運に恵まれているのだろうか？

マクドナルドの創業者レイ・クロックは、こう言っている。

「幸運は汗の配当だ。**汗をかけばかくほど、より大きな幸運を手にできる！**」[3]

大谷翔平は高校時代、マンダラチャートの中心に、「ドラ1　8球団（8球団からドラフト1位指名を受ける）」という大きな目標を書いた。

そしてそれを達成するためとして、コントロールや球のキレ、体づくり、変化球など具体的な目標を書き込んでいるのだが、そのなかに「運」という目標もある。

さながら、『ドラゴンボール』の亀仙人が言う「運も実力のうち」という言葉のようだ。運を味方につけられるのも、一種の実力の現れなのかもしれない。

もしあなたが、これまでの成功はすべて運のおかげだと思うなら、次はこう考えてみてはどうだろうか。「たしかに私は幸運だ。でも私は努力もしてきた。今後も努力し続けて、この幸運をしっかり生かそう」と。

謙虚な態度で「堂々と」ふるまう

プロモーションで日本を訪問したとき、私は出版社の編集者に尋ねた。

「もしできたら、営業部にも熱心に宣伝してくださっているお礼を言いに行きたいのですが、かまいませんか？」

取材の予定がいっぱいつまっていたので、ランチタイムを5～10分使って挨拶に行くことになった。

営業部に足を踏み入れたとき、目の前には想像もしていなかった光景が広がっていた。仕切りのないワンフロアのオフィスに大勢の人が集まり、それぞれ自分のデスクの前に立って、満面の笑みと何デシベルもの大きな拍手で私を迎えてくれたのだ。

予想もしていなかった状況に、私は思わず振り返って、編集者に「どうしよう？」と訊いてしまった。

いっそその場から逃げ出したいくらいだった。

あのとき私は本当に、何かの間違いじゃないかと思ったのだ。

私なんて、ただの会社員にすぎない。なんだってこんな大々的に迎えてくれるんだろう？

営業部のマネージャーが私の手をにぎって「ロングセラー本を執筆してくださってありがとうございます」と言ってくれたので、私は「いえ、私は何もしていません」と答えた。本当にそう思っていたのだ。私がしたのは本を書くことだけで、それ以外にはまったく何もしていないのだから。

アメリカのスタートアップ専門投資家フラン・ハウザーは、著作『ナイスガールの神話（The Myth of the Nice Girl）』（未邦訳）で、**「自己卑下」と「謙虚」は紙一重**だと書いている。

とくにあなたが何かしらのポジション（マネージャー、チームリーダー、プロジェクトリーダー）に就いているなら、自分の欠点を認めるなど、ちょっとした人間らしさを見せると、相手に親しみを感じさせ、圧迫感を与えることなく関係をつくりやすくなる。

だが、これは自己卑下とは違う。

自分を卑下する行為は、ごまをするような気持ちから生まれるもので、相手にマイナスのイメージを与えるばかりか、**あなたは信頼できない人間だと思わせてしまう**。[4]

もし私が、大きな拍手に包まれたあの瞬間にもう一度戻れるとしたら、今度は、

「ありがとうございます。力を尽くし、真心をこめて、この本を書きました。日本の読者のみなさんに届けてくださって、ありがとうございます。こんなにも多くの方に気に入っていただけてうれしいです」

と慎ましく、しかしはっきりと言おう。

「自分は正しい」というマインドセット

夏目漱石が書いた『坊っちゃん』の主人公の、何かと人を見下し、すべてを他人のせいにする態度は、読んでいてとても愉快だ。

だが私は彼とは反対に、出合ったすべてのできごとを（まだ起こっていないことですら）自分の問題としてとらえてしまう。

読みながら、思わず「いいなあ、彼みたいになりたい！」と考えてしまった。

あるとき、夏目漱石の国、つまり日本でインタビューを受けていた私は、「私も『坊っちゃんパワー』がほしいです！」と口走っていた。でも部屋いっぱいの日本人は、誰もその意味がわからなかったようだ。

「何もかも自分の問題じゃない。自分は正しい」という態度のことだと説明すると、みんな突然大笑いした。そしてうなずきながら「なるほど、坊っちゃんパワーっていいですね」と言ったのだ。

講演会で、これと同じような悩みを参加者から聞くことがよくある。

謙虚な人やニセモノ思考の傾向のある人の多くは、失敗や挫折の原因を内的帰属

（原因を自分に求める考え方）でとらえている。なんでも内面化しやすい内向型は、いつも「私が何かをすれば／しなければ、こういう結果にはならなかった」と考えてしまう。

そして、思考回路は人それぞれだが、最終的には「すべて自分のせい」という同じ結論にたどりつくのだ。

以前の私も、失敗について同じように考えていた。

ところがあるとき、先輩から冗談で「ちょっとちょっと、自分にそんな影響力があると思ってるの？」と言われて、はっとした。

「たしかに、もし時間を戻せたとしても、私ひとりですべてを引っくり返せるわけじゃないな」と。

当然ながら、多くのことは、私ひとりの力でどうにかできるものではない。

よく観察していればわかる。

ほとんどの場合、失敗は1つの要因だけで引き起こされるものではない。

タイミングや場がぴったり合わない、相手との相性が悪いなどといったことが合わさって、大嵐《おおあらし》を巻き起こす場合もある。

もし私がタイムマシーンに乗って過去へ戻れたとしても、ひとりの力ですべてを変えられるわけではない。ましてやタイムマシーンがないなら、なおさらだ。

それから、私はできごとと自分を切り分けて考えられるようになった。あることが「失敗」しても、それは私が「失敗者」だという意味ではない、と。アメリカの司法改革に尽力し、社会の周縁に置かれている人たちの審判を数多く担当してきた、ヴィクトリア・プラット裁判官は言う。

「**失敗はたんなるできごとでしかなく、特性ではない。**人が失敗であるはずがない」

もしも失敗したら、今度は自分にこう言おう。

「今回は成功しなかったけれど、次は違う方法を試してみよう！」

「協力してもらえる」ことも能力である

謙虚な人のなかには、失敗の要因は「自分のせいだ」と考える一方で、成功の要因は「みんなが助けてくれたからだ。自分の手柄ではない」と外的帰属（原因を外部に求める考え方）でとらえる人がいる。

でも、よく考えてみよう。

みんながあなたを手伝うのは、あなたが認められているからではないだろうか？

野球好きな私は、先発投手が好投しているのにチームの打撃がふるわず、味方の援護が得られない試合をいくつも観てきた。

前半のイニングはよかったのに、リリーフが出てきた途端に仲間のエラーが重なって失点するパターンもある。

そういうとき私たちは、冗談で「ちゃんと夜食をおごってあげなかったからだ」と言ったりする。

冗談はさておき、職場でも同じだ。

たとえば代わりに電話をかけてあげるとか、その人のためなら余分に汗をかくのも嫌じゃないと思える相手もいれば、割り振られた仕事が終わったら、それ以上のことを手伝う気になれない相手もいる。

ある研究によれば、まわりに好かれる人は職場で有利な立場にあり、採用もされやすい傾向にあるという。[5]

雑誌『ハーバード・ビジネス・レビュー』の調査でも、「有能な嫌われ者」と「愛すべき愚か者」のどちらかから部下を選ぶとしたら、多くの人が後者を選ぶと答えたそうだ。有能な人のほうが問題解決能力が高いとわかってはいても、人に好かれるほうがより重要なのだ。

さらに、この**好かれやすい人たちは、チーム同士の協力関係を促進する力も持っている**。[6]

あなたの考えていることはわかる。

きっとあなたは、「いやいやいや、それはまわりの人たちが優しいからであって、自分が人気者だからじゃない」と考えているのではないだろうか？

では、こう言おう。もしあなたがまわりの人だったら？　好きでもない人の手助けをしようと思うだろうか？

ほらね、きっと思わないはずだ。

この事実をきちんと受け止めよう。誰かに助けてもらえるのも、あなたの能力の1つなのだ。

CHAPTER

3 「自分の反応」を理解する

バラはとげがあっても美しい

少し前に、ある先輩が、台湾東部にある全長およそ100キロの蘇花公路《そかこうろ》を徒歩で縦断しようと決意した。

彼は当時58歳。仲間を誘わず、ひとりで歩くという。

親戚や友人はみんな心配した。

「えっ、そんな年で大丈夫なの？」「蘇花公路は危険だよ。雨が降ると土砂崩れしやすいし、スピードを出したダンプカーがたくさん通るから、事故も起きやすいよ。しかも真っ暗なトンネルも多くて、ダンプカーからはあなたが見えないでしょ。やっぱりやめなさいよ！」

こうした声は、あなたにもなじみがあるのではないだろうか？

自己評価の低い謙虚な人たちには、姑や小姑は必要ない。反対する声が波のように、次々と内側から押し寄せてくるのだから。

「これは難しすぎるし、やったこともないし無理だ！」「失敗したらどうしよう。恥をかくだけだ！」などなど。

イギリスでキャリアコーチを務めるクリスティーン・エヴァンジェロウは言う。

「バラがとげのなかでも美しさを保っていられるように、私たちも思いもかけない場所から力を得ることができる」

自己不信の感情に立ち向かうプロセスは、健全な自己認識を築き、強大な内なる力を獲得する絶好のチャンスかもしれない。よりよい自分のために、しっかり準備をしよう。

「自尊心」を高める5つの方法

家庭環境[1]や社会的な比較[2]、社会のなかで拒絶や挫折を経験したこと[3]、自己批判[4]など、自尊心が低くなる原因はたくさんある。

でも、2つだけ覚えておいてほしい。

それはあなたのせいじゃないということ、そして、あなたには改善する方法があるということだ。

自尊心を高めるには、一般的には以下のような方法がある。

1. **「ネガティブ思考」を探し出す**：ネガティブ思考をポジティブ思考に変える。たとえば、「無理」「私にはできない」ではなく、「別の方法を試してみよう」と考えよう。[5]
2. **「挫折」や「失敗」と向き合う**：自己批判をするのではなく、自分を思いやり、寛容、慈《いつく》しみ、理解を持って自分と向き合おう。[6]
3. **「ネットワーク」をつくる**：あなたを支え、励まし、ポジティブなフィードバックで前向きな気持ちにさせてくれる人を探そう。[7]

4.「ポジティブ心理学」を活用する：感謝したいことについて日記をつけるなど、ポジティブなできごとの記録をつけて、自分を肯定しよう。[8]

5.「マインドフルネス」のアプローチ：自己認識を改善し、自己批判を減らして自尊心を高めよう。[9]

次の節で、さらに具体的な方法を説明する。

「正確な自己認識」をするには？

ケントは社会に出て数年もしないうちに、世界有数の会計事務所に入社し、コンサルタントになった。

彼はいくつもの言語に精通し、誰もがうらやむような学歴の持ち主だ。

おまけに、その会計事務所に入るという夢まで叶えてしまった。

輝かしいキャリアを持ち、理想の人生を歩んでいるかのように見える彼だったが、私にこう打ち明けた。

「会社での日々がつらすぎて、いっそ辞めてしまいたいくらいなんだ。毎朝勇気をふりしぼって出社してるんだよ。日曜日の夜は憂鬱《ゆううつ》でたまらなくなる。明日にも、僕が本当は何もできないと見破られて、辞職を迫られるんじゃないかと思ってしまうんだ」

彼は内向的でもの静かな性格だったために、小さいころから、外向的で誰からも好かれる姉と比べられることが多かった。

両親をはじめ、祖父母にまで「お姉ちゃんみたいにすればみんなに好かれるし、社会に出ても人とうまくやっていけるんだよ」といつも言い聞かされていた。

ちょうど事務所に入ったばかりの時期に、こうしたすべてが大きなうねりとなって押し寄せてきた。

まったく新しい環境、競争や外向性を重視する社風、チームのなかでもっとも後輩という立場、さらに幼少期から続く「もっと外向的にならないと、職場で好かれない」という暗示……。

ネガティブ思考が洪水のように荒々しく襲いかかってきて、彼はそのうち解雇されるに違いないと確信するにいたった。

そして、「いっそ自分から辞めてしまえば、会社に解雇されることもない」とまで考えるようになったのだ。

ときに、自分を卑下するような思いが平常時より激しさを増すことがある。人によってはもの心ついてからずっと、「自分はダメだ」「自分には価値がない」などと思い込んでいる場合もある。

歩んできた人生や生活経験は人それぞれだ。

したがって、そういったネガティブな考え方に悩む人たち全員に効果がある解決方法はない。正確な自己認識を獲得するための第一歩は、自分の思考パターンの源を探ることだ。

「現状」を冷静に整理する

ケントの場合、あの時期は難しい要素が同時に重なったために、余計につらかったのだろう。

「あなたはチームのいちばん後輩でまだ経験が浅いんだから、仕事に手間取ったり、なかなか役に立てなかったり、誰かに質問したりするのは普通のことだよ。チーム内にあなたを助けてくれる人はいる？」

そう私が尋ねると、彼は答えた。

「いるよ。みんな仕事が忙しくても、僕によくしてくれるし、助けてくれる。だから余計に自分がみんなの足を引っ張ってるんじゃないかって思うんだ」

私はその事務所のゼネラルマネージャーを知っていたので、彼らの社風についても少し知識があった。私は「ちょっと整理してみようか」とケントに言った。

「その1、あなたの会社は最高の人材しか採用しないって知ってるでしょう？　そういう人材を採用するのは、コストがかかるのよ。もしあなたが辞めてしまったら、会社はまた新しい人を探さなくちゃいけなくなる。マネージャーの立場からすれば、当然あなたにずっと残ってほしいと思うはずよ。チームのメンバーが、どんなに忙しくてもあなたを助けてくれることが、いちばんの証拠じゃない？

その2、自分の能力が足りないと思うのは、あなたが入社してまだ1年も経っていないからよ。それなのにあなたは、2、3年の経験を積んだ同僚と同じだけの能力を自分に求めてる。そんなの無理な要求だと思わない？

その3、積極性や競争を強調する社風に、気後《きおく》れして、うまくやれないと感じてしまうのは、あなたの性格とは違うからよね。じゃあ**自分の強みから考えてみる**のはどう？　内向的で、分析が得意なあなたがチームに貢献できることは何か、考えてみましょうよ」

数か月後、ケントは私に言った。

「昨日は夜中の12時までオンライン会議だったよ。この会社はほんとどうかしてるよ！　やっぱりまだ疲れは感じるけど、でも少し進歩したと思うんだ。チームのテンポに合わせるように努力しながら、少しずつだけど、自分が役に立てることを見つけられるようになったんだ」

「自分にできること」を積み重ねる

私はケントの能力を疑ったことはなかった。あの大変な状況は一時的なもので、自己不信を引き起こす要因が、たまたま一気にまとまって押し寄せたにすぎない。

起業家、關登元《グワンドンユエン》の言うとおりだ。

「カリスマのような人と自分を比べるな。最初からトップに立つ人と比べても仕方がない。その代わり、自分を知ること。いまのポジションでも、自分にできることは必ずあるし、**自分が助けられる人もいれば、自分が奉仕できる人もいる。**まずはそういう人たちにしっかり奉仕して、しっかり助ける。それこそが現段階でもっとも価値のあることだ[10]」

あなたも人生の難局を迎えたら、一歩引いて、自分の謙虚すぎる考え方が何に起因しているのか、客観的に見てみよう。

当然ながら、「すべて家庭環境のせいだ、小さいころからこうだったんだから、一生このままだ」などと、それを言い訳にしてほしいわけではない。

あなたの人生は、あなたのものだ。原因がわかったら、少しずつあなたが望む方向へ変えていけばいいのだ。

恐れるのは「大事なこと」の証

年収や身分、財産、ポジションに関係なく、誰もが恐れの感情を抱く。

戦争、病、死、ゴキブリ、高所、孤独、電話をかけること、密閉空間、自分の能力不足、裏切り、愛されないこと、愛を失うこと……。

なかには自分で避けられる恐怖もある。

ジェットコースターに乗らないとか、好きではない場所には行かないとか。でもなかには、いつ脳内に忍び込んできて意志の力に打撃を与えるかわからない、抽象的な恐怖もある。

よくよく考えてみれば、そういう恐れというのは単純な怖さや不安ではなく、**あなたが関心を持ち、気にかけていることに関係がある**と気づくはずだ。

もしあなたが誰かに関心を寄せていなければ、その人から好かれないことを恐れはしないだろう。

あるいは、もしあなたがそのプロジェクトに関心を持っていなければ、失敗を恐れることもないだろう。

つまりあなたの恐れは、あなたがそれに心を寄せていることの裏返しであり、しっかり自分の恐れと向き合えば、進むべき方向が見えてくるはずだ。

「最悪の予想」と「最高の予想」を書き出す

だが、恐れと向き合うのは、決して簡単なことではない。慣れない環境下ではとくに難しい。新しい仕事や新しい役職に就いたとき、新しいチームに加わったときなどは不安に襲われがちだ。

私はよく、メタの元ＣＯＯシェリル・サンドバーグのエピソードを紹介する。

彼女の夫が急死し、喪失の悲しみに包まれていたとき、ウォートン・ビジネススクールのアダム・グラント教授が尋ねた。

「もっと悪い事態を想像することはできる？」[11]

彼女は驚いて答えた。

「これ以上悪いことなんてあり得ないわ」

アダム・グラントはさらに尋ねた。

「デイブ（シェリルの夫）はジムでトレーニング中に不整脈で亡くなった。でも、もしあのとき彼が車を運転していて、ふたりの子どもを乗せていたら？」

この質問を聞いたシェリル・サンドバーグは、もっとひどい状況があり得たことに気づいたという。

未知の恐れと向き合うときも同じだ。

最悪の状況を書き出してみて、それがあなたにどんな影響を与えるか、どう対処すべきかを考える。

それから、最高の状況を書き出してみよう。

書いたことをすべて見直せば、きっとそのなかに祝福を見出せるはずだ。

たとえば、もし起業に失敗したら、私は多くの負債を抱えて無一文になるだろう。けれど私にはまだ、健康な身体と起業家の頭脳がある。できることはたくさんあるはずだ。

あるいは、もし上司からとことん嫌われてしまったら、仕事を辞めなくてはいけないだろう。大変だとは思うが、きっとほかの仕事をするチャンスはある。

「もし最悪に次ぐ最悪の事態に陥《おちい》ったとしても（ただしその可能性は限りなく低いし、事前に防ぐことができる）、私たちには再生の道がある」と、投資家のフラン・ハウザーは結論づけている。[12]

もしまた恐れを感じることがあったら、思い出してほしい。

恐れは関心の裏返しであり、関心を持っているということは、しっかり備えができるということであり、リスクをコントロールできるということでもある。

あとは、それをどう実行するか考えればいいのだ。

失敗しても問題ない

――すべては「確率」の問題でしかない

この見出しを見たあなたは、「失敗しても問題ないだって？　とんでもない。失敗したくないから不安になるのに、なんで失敗してもいいなんて言うんだ？」と思ったのではないだろうか。

一歩引いて考えてみよう。

あなたは絶対に失敗しないと思っているのだろうか？

いつも心に無数の小さな劇場を持つ内向型の私には、自信がある。何か1つテーマを出してくれたら、私は脊髄反射《せきずいはんしゃ》的に、それに関するリスクと失敗の可能性をいくらでも挙げることができる。

私の心のＯＳはいつも、「もしこれが発生したらどうしよう？　あれだって問題が起きるかもしれない。どうやったら予防できるだろう？」と、失敗したくないがためにできる限りの準備をしている。

小さなことから大きなことまで、すべてがそういう調子で、長年にわたって綿密な準備と予防対策に明け暮れてきた私だが、いったい何回失敗してきただろうか？

答えは「数えきれないほど！」だ。

私は何百通もの履歴書を提出してきたが、すべて海の底に沈んでいったし、2年のあいだに全身全霊をかけて書きあげた数々のプロモーション企画は、ほとんど採用されなかった。クライアント獲得のために懸命に戦略を練っても、先方は私とパートナーになることを選ばなかった。

つまり、**どれだけがんばって確率を下げようとも、失敗は避けられない**のだ。

そう、あなたのような賢い人なら、「確率」がキーワードだとお気づきだろう。

ベストセラー作家スティーヴン・ガイズは言う。純粋に自分ひとりだけが原因で起きたことを「失敗」と呼ぶのであって、もし他人の要素が入ってくるなら、それは「確率」だ、と。[13]

履歴書を送っていなければ、それは失敗。

でも送ったあとに面接のチャンスを得られないのは、確率の問題。

企画書に誤った予算表を載せてしまったなら、それは失敗。

だがクライアントが企画書を見て、別のパートナーを選ぶのは、確率の問題。

ニセモノ思考をもつ人は、一般の人よりも失敗を恐れ、自分がミスをおかすことを心配し、**ミスの回数を高く見積もる傾向にある**と、心理学の研究で証明されている。[14]

あなたが失敗と思っているものは、じつは失敗ではなくて確率の問題ではないだろうか？　その場合は、自分にできる役割さえしっかり果たせていれば、それは成功だ。

その感情は、ただの「反応」にすぎない

新型コロナウイルスが流行したとき、私は3年のあいだ、ほとんど家で過ごし（リモートワークとZoomに感謝）、ワクチンを4回接種し、できるだけ人と接しないようにし、外から家に入ってきたものはすべて消毒するという、かなり神経質な生活を送っていた。

ところが、だ。流行4年目、まわりの人がひととおり感染したあと、結局私も感染してしまったのだ。

失敗の予防というのは、私の新型コロナ感染予防対策と似ていて、ときに代償が大きすぎる。

ここまで徹底する意味があるのかどうか、正直なところ私にもわからない。

ミスや失敗も人生の一部として受け入れるというほうが、健康的な考え方なのかもしれない。

研究によれば、大きなトラウマや逆境を経験すると、ストレス耐性が強まったり、不安が軽減されたり、レジリエンスが高まったりという、プラスの効果がもたらされることがある。[15]

また、リチャード・テデスキとローレンス・カルフーンの研究によると、失敗は人の経験を再構築するのに役立つ。失敗を経験した人は、難題と向き合い、変化を受け入れ、その後の困難や挑戦に備えられるようになるという。[16]

もちろん失敗の程度や代償、反応は個々人で違う。

たとえば、ロケットの打ち上げに失敗したスペースXのチームは拍手喝采していた。失敗から得られるデータは非常に貴重で、次回の打ち上げが成功する確率を上げてくれるからだという。

そこまで大喜びする必要はないが、失敗は悪いことばかりではない。

失敗したときに挫折を感じたり、落ち込んだり、自信をなくしたりするのは当然のことだ。

こうした**ネガティブな感覚は、すべてショックと向き合ったときに起こるただの「反応」にすぎない**ことを知ってほしいと、日本の精神科医、水島広子は言う。

これはあなたという個人が傷ついた「結果」ではなく、ただあなたがショックを受けたという事実にすぎない。そんなときは自分に「必ず道はあるはずだ」と言い聞かせてほしい。[17]

誰でも失敗するし、失敗するのは普通のこと、むしろ失敗によって成長することもあると信じていれば、あなたの心のなかのネガティブな小劇場は勝手に消えてしまうだろう。

「失敗＝自分は役に立たない人間だということ」「失敗したら相手にされなくなる」「失敗したらすべてを失う」といった心の奥底にある焦《あせ》りや不安は、未知なるものに対するあなた自身の恐れでしかない。

そうだ、このチャプターの冒頭で紹介した蘇花公路《そかこうろ》を自分の足で歩いた先輩は、東部の花蓮《かれん》から絵はがきをくれた。

「トンネルのなかはとても明るかったよ。暗いから危ないと言っていた人たちはみんな、実際には行ったことがない人なんだよ」

これから道を歩いていこうとする自分を、まだそこへ行ったこともない自分に邪魔させるのはやめよう。

健全な自己認識を確立したら、出発だ！

CHAPTER

4 自分で「自分の友人」になる

こんなとき、「親友」ならなんて言う？

マグカップに書かれているフレーズで、私がいちばん好きなのは「何者にでもなれるこの世界で、優しくあれ」というものだ。

読者のみなさんにこの言葉を伝えると、内向型で繊細なみなさんは、きっと「他人への思いやり」を最優先事項に持ってくるだろう。

だからこの一言を付け加えておく。「いちばん大事なのは、自分に優しくすること」。

この話をＳＮＳでしたら、案の定、コメントが殺到した。その多くが「どうやって自分に優しくすればいいんですか？」という質問だった。

つい自己否定してしまう感覚に対処するアプローチのなかで、いちばん効果があると思うのは、**自分を支持してくれるバーチャルな親友を持つこと**だ。

この親友はあなたのことを理解し、すべてにおいてあなたのことを考え、無条件にあなたを支持し、強いポジティブなエネルギーを発し、どんな状況であれ、とことんあなたに忠実だ。

そう、まるでドラマに出てくるような親友だ。

もしくは完璧につくられたＡＩを想像してもいいだろう。

「メンタル」が自然と強くなる

ネガティブ思考や自己不信が頭をもたげるとき、私はいつも「バーチャル親友ならなんて言うだろう？」と考える。

こんなにも私のことを思ってくれる親友なら、きっと迷うことなく、こう言うはずだ。

「あなた、本当に自分を疑っているの？　ばかね、これまでにやってきたことを思い出してごらんなさいよ。私が知っているだけでも○○のプロジェクトをやりとげているし、ボーナスまで獲得したでしょう。クライアントの××社はずっとあなたの担当だし、上司も交替を考えていないということは、あなたの対応に満足しているってことじゃない。今回の案件だって、何も尻込みすることはないよ！」

当然、疑い深い自分も黙ってはいない。

「まさか。前のプロジェクトは運がよかっただけ。本当はもう少しで失敗するところだったんだから。おかげで冷や汗をかいたよ。あのクライアントだって、先方が優しくて難しい要求もしないからうまくいっているわけで、私はごく普通のサービスを提供しているだけ。

でも今回の案件は違う！　インドのクライアントを担当するのは初めてなんだから。彼らはものすごい値引きを要求してくるし、めちゃくちゃ電話をかけてくるって聞いたよ。扱う金額も大きいし、私には荷が重すぎて絶対に耐えられない！」

バーチャル親友が返す。

「値引き交渉がすごいからって、命まで取られるわけじゃないでしょう？　電話の嵐がなに？　先方はインドにいるのよ。前のクライアントみたいに、直接押しかけてくることもあり得ない。金額の大きさが関係ある？　やることはどれも似たようなものじゃない。みんなただの数字よ」


少々大げさなセリフに思えるかもしれないけれど、私の言いたいことは伝わったのではないだろうか。

バーチャル親友があなたを応援してくれるように、あなたも自分を応援するべきなのだ。

あなたのいちばんの親友は、あなた自身なのだから。

あなたがトラックを懸命に走っているとき、あなたの応援団はなんて言うだろう。「いいよいいよ、その調子。もう少しだよ！」、それとも「ゴールするのは無理だよ、きっともうすぐ足がつる。走るのやめない？」だろうか。

さあ、自分の応援団をつくろう！

PART

2

「謙虚な人」の行動戦略

個性を生かす作戦

大手国際ブランドのＥＣ（電子商取引）部門で、上級幹部にまで上りつめた先輩がいる。ＥＣ市場がどれだけ激しく変化しても、まるで太極拳でもするように、あらゆる課題を優雅に解決してしまうのが、彼のすごいところだ。

あるとき彼は、自分の仕事の哲学を「8割の力でやること」だと言った。初め、その意味がよくわからなかった私に、彼はこう説明してくれた。

「ふだんは8割くらいの力で余裕を持って働いていたほうがいい。そもそも上司も君の全力がどれくらいかなんて知らないだろう？　それで、本当に難しい問題に直面したときにこそ、全力を出せばいいんだ」

この話を聞いて、目からウロコがぽろぽろ落ちた。失敗を恐れて、何に対しても全力を出し切ってしまう私は、節電モードで働くなんて考えたこともなかったのだ！

当然ながら、節電モードでも職場で悠々自適に過ごせるのは、先輩ならではの秘訣があるに違いない。

謙虚で控えめな人は、いくらやってもまだ足りないと思い込んで、つい働きすぎてしまう。そんな人でも、のんびり楽々とは言わないまでも、せめてオーバーワークを避けるために、職場でできるアプローチを見つけられるはずだ。

CHAPTER

5 「継続できる目標」を設定する

努力家の悩み

デイヴィッドは大手国際広告会社に勤務して十数年になる。

彼は最高の人材と一緒に仕事をすることも、エネルギッシュな会社の雰囲気も、クレイジーで常識はずれな同僚たちも気に入っていたし、丁々発止のやりとりが続く会議も、自分の作品を世界中の人たちに見てもらうことも大好きだった。

だが最近になって、自分が何のために戦っているのかわからなくなってきた。

広告は変わらず好きだったが、少しずつ情熱が失われていく気がした。

昇進するにつれて、費用対効果や事業開発、動画の再生率、チームの離職率などを見ることが彼の仕事になっていた。

提案書のためにみんなで一緒に残業をしていたときに感じたような高揚感は、いまや毎週、毎月、四半期ごとに次々と押しつけられるＫＰＩや数字のプレッシャーに変わってしまった。

彼はとても努力した。会社のために大口の案件を受注できるよき社員、チームに尊敬されるよきマネージャー、クライアントに信頼されるよきパートナー、あるいは業界に一目置かれるよき広告人になるために……。自分にはそれができると証明したくて、彼は深夜まで残業し、週末も仕事に費やした。

ところが、最近になって彼は気づいた。

「大口の案件を受注してもちっともうれしくなかったんだ。ただ、このあとどうやって人員を配置して、どうやって期限内に仕上げるかしか考えなかった。考えれば考えるほど疲れるばっかりなんだよ」

彼は何度も「疲れる」という言葉を使った。同時に、「でもこれが僕の仕事だから」

とも言った。

デイヴィッドのような状況は決して珍しくない。

謙虚で控えめな人たちは「**相手を失望させたくない、恥をかきたくない**」「**ここまでやらないと私には価値がない**」という考えのもとに努力し、輝かしいポジションや成功を勝ち取る。

しかしそのような成功がさらなるプレッシャーを生み、さらに高い目標を掲げさせる。そしてそのサイクルは、自分がつぶれるまで続くことになるのだ。

目標が適切かどうか見分ける

アメリカでエグゼクティブ・コーチングを務めるメロディ・ワイルディングは、著作『満たされない気持ちの解決法』(パンローリング)で、本来、大きな抱負を持つこと自体に問題はないが、そういった目標を立てた理由やプロセスが「不健全」だと問題が起こると書いている。

ワイルディングによれば、以下のような兆候が出てきたら、目標が自分に合っているかどうか確かめたほうがいいという。

1．本当に目指したい目標ではない

「やるべき／やらねば」あるいは「みんなそうだから」と思いはじめたら、その目標が自分に合っているかどうか確かめよう。

2．目標がもたらす苦痛が利益を上回る

当然ながら、何をするにしても楽しいことばかりではない。だが、もしその目標のことを考えるだけで、眉間《みけん》にしわがより、脈が速くなり、胃が痛くなるようだったら、調整が必要でないか検討しよう（たとえそれが、みんなにクールだと思われたり、断る人はバカだと思われるような案件であっても）。

3．プロセスではなく結果にだけこだわる

たとえば「年収１００万ドル」を達成することだけ考えて、それを達成するために必要な労力について考えが及ばないようだったら、一度立ち止まったほうがいい。

4. 人生における優先順位が高いものが代償になる

もしその目標が大きな代償（健康を犠牲にする、家族との時間をあきらめるなど）を払わせるなら、一歩下がって、本当にその価値があるか検討しよう。[1]

「ちょうどいい目標」のつくり方

何が「合理的な目標」かは、人によって違う。

だが、もし右に述べたような兆候が現れているなら、それはあなたの目標が不健全だということだ。

高すぎる目標に押しつぶされないように、以下を参考にして、目標を自分に合ったものに近づけよう。

背後の「理由」を考える
——本当にやりたいと感じるか？

目標を見つめ直し、これがどこから来たものか、自分に問いかけてみよう。

マネージャーから与えられたものもあれば、自分で達成したいと思ったものもあるだろうし、家族の期待やキャリアから課されたものもあるだろうし、負けたくないという気持ちから来ているものもあるだろう。

それがわかったら、あなたの「本当の目標」は何か、もう一度考えてみよう。

本当の目標は、誰かを喜ばせたり、報告書を飾ったりするためのものでもなければ、パーティーで自慢するためのものでもないし、ましてや、みんながやっているからやるものでもない。

本当の目標には、たった1つの理由しかいらない。

それは、「**自分自身が本当にやりたい**」だ。

業界のキーパーソンがみんな出席するイベントだから、不都合が起きないように自分も出席しなければならない。職場のみんながハーフマラソンにエントリーするから、自分もエントリーしないわけにはいかない。クライアントと話を合わせるために、試飲会に参加しなければならない……。

そういった消極的な目標は本当の目標ではない。

本当の目標とは、次のようなものだ。

「自分自身がパーソナルブランディングを強化したいから、ある分野に関する考えをSNSで定期的に発表する」

「終わったあとに心身ともにリラックスできるから、毎週ヨガのクラスに参加する」

「友人とのおしゃべりがストレス発散になるから、毎月時間をつくって野球をする」

大変でも前向きな気持ちで取り組めることこそが「本当の目標」だ。

目標リストを「スリム化」する
――大事な3つをピックする

目標達成をあきらめるのは、勇気のいることだ。

でも、何が自分にとっていちばん重要なのか、考えてみよう。

起業家であり、作家であり、テクノロジー・メディア・パーソナリティでもあるランディ・ザッカーバーグは、**「ピック・スリー」**という非常に有用なアプローチを提唱している。

私たちはワークライフバランスを考える必要もあるし、人づきあいや運動の時間も必要だし、十分な睡眠も削れない。

だが彼女ははっきりと言う。

「完璧なバランスなんて無理な話。『仕事』『睡眠』『家庭』『運動』『友人』という、**生活のなかでもっとも重要な5つのカテゴリから3つを選んで優先しましょう。**そして明日はまた違う3つを選べばいいんです」[2]

彼女はこうやって起業家、母親、妻、ミュージカルプロデューサーとしての身分を兼任しているのだ。

生活のいろいろな側面で懸命にボールを取ったり投げたりするだけでなく、それぞれのゴールをどこに設定するかも考えてみよう。

「毎日必ず一汁三菜《いちじゅうさんさい》をつくる必要はあるだろうか？　主菜を信頼できる店で買ってくれば、少し時間を節約できるかもしれない」

「このプロジェクトのすべてをうちのチームで担《にな》う必要はある？　いくつかのプロセスを切り離して、ほかのチームに応援を頼んだり、人手を融通してもらったりできないだろうか？」

というふうに。

目標リストのスリム化に重点を置けば、必然的に、何がいちばん重要なのかが見えてくるはずだ。

「小さな目標」を設定する
――継続できる目標にする

ベストセラー作家スティーヴン・ガイズは、『不完全主義者になる方法（How to Be an Imperfectionist）』（未邦訳）のなかでこんなふうに言っている。ほとんどすべての人が、誰かの目標をコピーしている。だがその目標が遠大すぎると、道に迷い、現在地や進むべき方向を見失い、目的地まであとどれくらいなのかもわからなくなり、あまりの遠さにあきらめてしまいがちになる。[3]

もし大きな目標を、いくつもの小さな目標に分けることができれば、ものごとはかなりシンプルになる。

たとえば台北において外で運動しようと思っても、雨は多いし、気温だって寒すぎるか暑すぎるかのどちらかで、とても大変だ（ほらね、私は言い訳を探すのが得意なのだ）。ところが有名な財務コンサルタントの郝旭烈《ハオシュリエ》は、そんな私に言った。

「**毎日5分だけでもいいんだよ。**1分で靴に足を入れて靴ひもを結んで、3分間、散歩したり、身体を動かしたりする。そして1分で靴を脱ぐ。そうすれば毎日運動したことになるだろう？」

「ええっ？　たったそれだけ⁉」と、私は心のなかで思った。それではただの気休めじゃないか。

でも不思議なことが起こった。彼の話を聞いたあの日から今日までのあいだに、**私の日々の歩数は3倍近くになった**のだ。

「歩くのは3分でいい」というルールだけど、実際には、いったん靴を履いたらもっと歩きたくなる。

いまではどこへ行くにも、歩いて行きたいと思うようになった。

小さな目標から始めれば、少しずつ大きな目標の達成に近づいていく。

たとえあなたのトレーニング計画を、腹筋3回や、タピオカミルクティーを一口残すくらいのことから始めても、必ず意味がある。

「継続は力なり」だ。

目標をどんどん高くしない
――「つねに全力」を前提にしない

適切でバランスのとれた目標を見つけるためには、適宜《てきぎ》調整することが不可欠だ。最初からぴったりの目標を設定しようと思わないほうがいい。

この世界も、あなたの優先順位やリソースも、変わり続けている。特定の時間に特定の何かを終わらせなければならない理由もない。

もし6か月でできなければ、7か月かけたらどうだろう。もし自分ひとりではできないなら、誰かにサポートを頼んでみたらどうだろう。

とくに謙虚で、がんばりすぎてしまいがちな人が注意しなければならないのは、つねによりよく、より完璧な結果を求めるために、目標をどんどん高くしていってしまうことだ。

もし6か月でできるなら、次は5か月でできるだろう。もし自分ひとりでできるなら、今後はほかのチームのサポートまでできるかもしれない、というふうに。

あなたがバスケットボールの試合で奮闘しているところを想像してみよう。

もしゴールをどんどん高くされたら、どう思うだろうか。

あるいはトレーニングのインストラクターが、あなたがベンチプレスの最後の1回をようやく終えた瞬間に「はい、もう10回！」と言ってきたら、頭にくるのではないだろうか。

そんなに自分に厳しくする必要はない。

「あきらめる」条件を決める

——試合終了してもいいときは？

『スラムダンク』の「あきらめたら、そこで試合終了だよ」という安西コーチの言葉なら、私も知っている。

だが職場では、あきらめることも選択肢の1つに入れておかなくてはいけない。

損切りのポイントを決めずに、意味のない目標や計画に固執《こしつ》するのは、損害を大きくするだけだ。

コンサルタント会社ウェイファインダー・コレクティブのCEOアシュリー・ジャ

ブローは、「あきらめる」ことを選択肢に入れたほうがいい理由について、あきらめることで、ほかの目標を達成するためにリソースを使えるようになるからだと説明している。

では、どうやって「あきらめる」と決めたらいいのだろう？

投資家のティム・フェリスは、始める前に「この条件に達したらあきらめる」「潜在的なメリットよりも、デメリットやコストが上回ったら撤退する」など、撤退の条件を先に決めておくことを提案する。[4]

いざあきらめること（たとえば離職）を検討するとなったら、彼が勧めるいちばんシンプルな方法はこうだ。

紙とペンを用意し、自分に問いかける。

「いまの仕事を続けることにどれくらい興味がある？」

「あきらめたい気持ちの強さは？」

そして1から10までのあいだで、どのレベルにあるかを紙に書き出してみるのだ。[5]

重要なポイントは、7を消去しておくことだ。人は7を選びがちだが、7を消してしまえば、いまの自分は0から6、あるいは8から10のあいだのどこにいるかが見えてくる。[6]

このチャプターの最初に登場したデイヴィッドは、その後、大手広告会社を辞めて、自分で小さなスタジオを立ち上げた。

大企業のような華やかさはないし、大口のクライアントと接する機会も少なくなったが、自分の好きな案件を選ぶことができるし、仕事の自由度も高い。マンパワーが減ったことで、莫大なコストを背負うことからも解放された。彼の目標は「部門全体の業績を支える」ことから、「小さなスタジオを大切に育てる」ことに変わった。

合理的な目標を見つけてからのデイヴィッドは、より公平かつ健康的な方法で自分と向き合えるようになった。

私には彼が前よりハッピーになったように見えるし、彼自身もそう思っている。

CHAPTER

6「レジリエンス」を高める

「熱血」で逆境に立ち向かえるか?

私は『逆境ナイン』というコメディ映画が大好きだ。

一度も試合に勝ったことのない弱小高校野球部が、校長から「甲子園に行けなかったら廃部」と通達を受けて奮起し、さまざまな奇跡に助けられながら、努力と運を味方に、地区予選の決勝戦まで勝ち進んでいく物語だ。

キャプテンは非常に熱血漢で、逆境に置かれると闘志を燃やすタイプとして描かれている。彼は困難にぶつかるたび、空に向かって「これが逆境だー!!」と大声で叫び、勇猛果敢に立ち向かっていく。

この映画が好きなのは、私にはこういう闘志がまったくないからだ。

私はミスを恐れ、失敗を恐れ、努力しても思ったような結果が出ないことを恐れ、人が不愉快になるのを恐れ、人を失望させてしまうのを恐れ……。**私はつねに、失敗に怯《おび》えている。**

これは個人レベルの問題だとずっと思っていたが、「OECD生徒の学習到達度調査（PISA）」の結果を見て、考えが変わった。

PISAが2018年に、79の国と地域の60万人を超える学生を調査したところ、台湾の学生は「失敗を恐れる」指数が調査国のなかでいちばん高かったのだ。

調査では以下の3つの質問から、失敗を恐れる程度を測定している。

すなわち「失敗しそうなとき、ほかの人が自分のことをどう思うのかが気になる」「失敗しそうなとき、自分に十分な才能がないかもしれないと不安になる」「失敗しそうなとき、自分の将来への計画に疑問を持つ」の3つだ。

台湾ではこれらに対して「まったくそのとおりだ」と「そのとおりだ」を選ぶ学生が、それぞれ89パーセント、84パーセント、77パーセントとなっている。

中国や日本、韓国といった東アジアのその他の国も、これに近い数字ですぐあとに続いているが、これらの数値はOECDの平均56パーセント、55パーセント、54パーセントと比べて、はるかに高い。[1]

失敗から学び、戦えば戦うほど強くなっていく人がいる一方で、失敗するたびに弱くなり、再起が難しい人もいるのはなぜだろう？

失敗を恐れる文化のなかで育った私は、どうしたらいいのだろうか。

たんたんと「試行」を繰り返す

——失敗は多いほどいい

デイヴィッド・ベイルズとテッド・オーランドは、著作『アーティストのためのハンドブック』[2]（フィルムアート社）のなかで、ある陶芸の先生がやった実験を紹介している。

彼は学生を2つのグループに分けて、1組目には作品の「数」で評価をすると告げた。作品の出来不出来にかかわらず、数が多ければ多いほど点数は高くなる。

そして2組目には、作品の「質」で評価をすると告げた。たくさん制作する必要はないが、作品の完成度で点数を決めるというのだ。

ご想像のとおり、1組目は必死になってたくさん制作し、2組目は完璧な作品をつくろうと努力した。

それからしばらく経ったあと、作品の質が向上したのはどちらのグループだっただろうか？

答えは、必死に数をつくろうとした1組目だ。

彼らは大量の作品と大量の失敗を積み重ねた結果、技術が向上し、最終的に高品質の作品をつくれるようになった。

では完璧を追い求めた2組目は？

彼らは作品の質にこだわるあまり、冒険をせず、保守的な態度で制作に臨んだために、練習と技術向上のチャンスを逃してしまった。

この研究結果を見たとき、私にはわかった気がした。

私たちは小さいころからずっと、完璧を追求するように言われてきた。学校の成績や職場の業績評価もそうだ。私の場合、講演をするたびに主催者は聴衆の評価をチェックする。

どの場面でも例外なく、よりよいパフォーマンス、より高い点数が求められる。

一方で、あなたに「回数が多ければ多いほど点数が高くなる」と言う人はいない。

これはもしかして、最初の設定が間違っているのではないだろうか？

もし数学のテストで、より多く問題を解いたほうが点数が高くなるとしたら、テストを受けるたびに点数がよくなるのでは？　もし走り幅跳びの予選で、より多く跳んだほうが上位になるとしたら、決勝では各選手の距離がもっと伸びるのでは？

当然ながらこれらは私の勝手な想像にすぎないし、仕事は教育や走り幅跳びとは違う。

採用面接やプレゼンは、質で評価する以外にない。たくさんしたからといって評価してくれる人はいない。

だからこそ模試やリハーサル、模擬面接がある。本番でしっかり実力を出せるようにするためにも、失敗もふくめて、経験の数を重ねる機会は重要なのだ。

ゆっくり、小さな失敗をする
――「系統的脱感作」という方法

神経科学の観点から言うと、定期的に失敗や不合格を経験することは、私たちの脳を鍛えてくれるそうだ。

想像してみよう。

これまで50人から「ただのいい人」と言って振られた人と、これまで一度もそう言われたことのない人とでは、どちらのほうが「ただのいい人」と言われて耐えられるだろうか？

もちろん前者だ。

なぜなら彼の脳はすでにこのプロセスに慣れきっているのだから[3]（苦笑）。

とはいえ、もしあなたが私と同じようにガラスの心の持ち主だとしたら、いったいどうしたらいいのだろうか。

「ゆっくり、小さな失敗をする」というのが私のアプローチだ。

いきなり大きな失敗をせよというのではない。私は壊れやすい心を守るのも重要だと思うのだ。

心理学の「系統的脱感作《だっかんさ》」とは、恐れているものに自分をさらすことで、**脳の扁桃体が徐々にそれに慣れて敏感さが失われ、次第に恐怖心が薄れていく**プロセスを指す。

自分で試してみた結果、私にとってより効果的だったのは「漸進的脱感作《ぜんしんてき》」、つまり低いレベルの刺激から始めて、徐々に扁桃体をそれに慣らしていく方法だった。

よく私に、高所恐怖症ならスカイダイビングをすれば一発で治るよ、と言う人がいる。だが私にはそんなことを試す勇気はないし、仮に試してみたとしても、そのことが心に影を落とし、一生高いところが苦手になってしまうかもしれない。

でももし時間をくれるなら、私はまず椅子の上に立つことから始めて、次はテーブルの上、そして2階というふうに、高いところに対する恐怖を一歩一歩克服していけるだろう。

「目の前のこと」を重視する

イギリスのリヴァプール・ジョン・ムーア大学のジョー・モラン教授は言う。

「人生には真の成功も失敗もあり得ない。人生はただの経験でしかない」[4]マサチューセッツ工科大学言語哲学科のキーラン・セティヤ教授は『ライフ・イズ・ハード（Life is Hard）』（未邦訳）という本のなかで、「ゴールを捨てる」という概念を提唱している。

私はこれに大きな衝撃を受けた。

彼によれば、たとえば医者が患者を救えるかということや、プランナーが期限内にプロジェクトを完成させられるかなどのように、結果はもちろん重要だ。

だがもしゴールにだけ重点を置いていると、結局は人生の意味を損なってしまう。なぜならあなたが大切にしている何かは、いつか必ず終わりを迎えてしまうからだ。

もし私たちがもっと「プロセス」を重視するなら、失敗との関係も大きく変わってくるだろう。

医者はひと手間ずつ丁寧に手術をし、プランナーはクライアントのニーズを理解し、ネットで資料を集めてアイデアを練る。**こうした試みと努力も、すべてが成果になる**のだ。[5]

私の友人であるエンジニアのアダムは、高校生のころからＭＬＢのファンで、夢はスポーツキャスターになることだった。

しかしキャスターは非常に狭き門だ。彼はニュースキャスターやスポーツキャスターの選考に応募したが、とうとう採用されなかった。

そこで彼は考えた。それなら自分で話せばいいんだ！

そして、台湾ではまだポッドキャストがほとんど知られていなかった2017年に、世界初の中国語のMLB紹介番組を開設。毎週1〜2番組放送することを、6年にわたって続けた。

現在、彼はスポーツメディアの海外特派員であり、3つのポッドキャストのプロデューサーである。彼はまた野球ライターであり、スポーツ文学の翻訳家でもある。私はついさっき、彼がテレビで大谷翔平の試合の解説をしているところを見たばかりだ（そう、彼は夢を叶えたのだ！）。

エンジニアからポッドキャスト配信者、そしてキャスターへと転身した彼は、プロセスを大切にすることのパワーを見せてくれた。

彼は「ポッドキャストをやって失敗したらどうしよう？」「スポーツメディアに転職して、エンジニアの職を失ったらどうしよう？」なんてことは考えなかった。彼はそのときにできることを、一つひとつやっていっただけだ。

不確実な未来、あるいは失敗のリスクに向き合うとき、「失敗したらどうしよう?」「クライアントに何て説明しよう?」「プランBはどうしよう?」と考えるのは普通のことだ。

でもそんなふうに考えて計画を立てたなら、あとはくよくよ考えず、目の前のことを一つひとつやっていこう!

「もうひとりの自分」をつくる

私は『NARUTO』に登場する「影分身の術」が好きだ。それは忍術の1つで、実体と意識を持ち、一定の動作もできるし、用が済んだら回収もできる分身を生み出すのだ。

ボー・ジャクソンは、MLBの野球選手およびNFL(ナショナル・フットボール・リーグ)のフットボール選手という2つのプロスポーツを兼業し、両方のオールスター戦に出場を果たした初めての人物だ。

彼は幼いころから感情のコントロールが苦手で、よく厄介な状況に巻き込まれていた。

ところがホラー映画『13日の金曜日』で、冷酷で計算高い殺人鬼ジェイソンを観て腰を抜かし、それ以来、試合に出るときには、心のなかで変身して、ジェイソンになりきるようになった。[6]

この「分身の術」は、**試合中に高い集中力と冷静さを維持する**のに大いに役立ち、おかげで彼は輝かしい成績を残すことができた。

なんと、あのビヨンセもこの方法を知っていた。仕事をするときやステージに立つとき、彼女は「サーシャ・フィアース」という分身を使うのだ。

この分身はプライベートのときの彼女よりも「面白くて、官能的で、好戦的で、率直で、華やか」と彼女は言う。

この「サーシャ・フィアース」という分身がいるからこそ、彼女は女王らしい自信と魅力に満ちあふれた姿で人前に立つことができる。そしてそんな彼女を、人々は「クイーン・ビー」と呼ぶ。

だが、サーシャ・フィアースの存在を明かしてから2年後にふたたびこの話題になったとき、ビヨンセは、「サーシャ・フィアースはもう必要なくなったの。いまは歌手として成功したし、たくさん成長もしたから、サーシャ・フィアースに自信をつけてもらわなくても大丈夫。だから私は自分とサーシャ・フィアースを合体させたのよ」と語っている。[7]

分身の術は、さまざまな状況、とくに強い意志を必要とする状況（新しいチャレンジをするときや、大きな挫折を味わったとき）で役立つことがあるかもしれない。心理学において分身は「オルターエゴ（alter-ego）」と呼ばれる。つまり「もうひとりの自分」だ。

異なる人格や異なるペルソナを持つことで、もともとの人格ではできないことができるようになる。これは「もうひとりの自分効果（alter-ego effect）」と呼ばれる。分身を使うことによって**自尊心や自信、モチベーション、忍耐力などのパフォーマンスが向上する**ことが、研究で証明されている。

だが過度にそれに頼りすぎると、認知の不一致（本体と分身があまりに違うと、認知の混乱を招く）や、分身への過剰な依存（何でも分身に解決してもらおうとする）、過剰な期待（スーパーな分身を召喚すれば何でもやってもらえると思う）といったリスクがあるので注意は必要だ。[8]

「心理対比」と「実行意図」を活用する

――メンタルを鍛えるには?

ペンシルベニア大学のアンジェラ・ダックワース教授の研究によれば、レジリエンスを構築するためのトレーニングは、2つあるという。

1つめは、目標に到達するまでに遭遇するであろう困難を頭のなかで想定する「心理対比」。

2つめは、その困難を克服する計画を立てる「実行意図」だ。

研究によって、この2つのトレーニングを受けた人は、自律性とレジリエンスの両方が高まったことがわかっている。たとえ壁にぶつかっても、彼らは努力をやめず、目標に向かって前進し続けるのだ。[9]

生まれつき心配性で内向型の私にとって、これは大きな福音だった。

目標達成を阻《はば》む困難をリストアップする機能がデフォルトになっている私なら、「心理対比」はお手のもの。チャットGPTのように延々とリストを更新できる。

残されているのは、「実行意図」。つまり、実行に移すために困難を解決する方法を考えることだ。
よくあるのは、「もし〇〇なら××」という構文に当てはめてみるアプローチだ。たとえば、「もし一気に問題が押し寄せてきて息切れしたら、10分間休憩しよう。その辺を歩いてもいいし、元気になれる曲を聴いてもいい」というふうに。

もう1つ、私が気に入っているアプローチは、**失敗を乗り越えたら報酬を得られるシステム**をつくっておくことだ。

『タイム』誌が選ぶ世界でもっとも影響力のある100人にも選ばれた、スパンクスの創業者サラ・ブレイクリーによると、幼いころ彼女と弟は、食事の席で父親から、「今日学校で何かいいことはあった?」と訊かれる代わりに、「今日は何か失敗した?」と訊かれていたという。

こうすることで、彼女たちが失敗を経験しても、健康的な態度で立ち向かい、挫折に負けない忍耐力を身につけさせていたのだ。

私の夫は、仕事において、それこそ一瞬の判断で結果が大きく変わってしまう、強いプレッシャーのかかる場面にさらされることが多い。

ある年から私たちは「勝ったら火鍋、負けたらステーキ」という習慣を始めた。

つまり仕事が成功しても失敗しても、一緒に豪華な食事を楽しめる。そうしてベストを尽くした自分をねぎらうと同時に、お互いに「失敗はちょっぴり笑える祝福にすぎない」こと、だから成功と同じように（あるいはもっと盛大に）お祝いすべきことだと確認し合っているのだ。

「失敗は存在しない」と考える

この文章を書いているいま、日本ではちょうど甲子園の試合が行われている。全国放送のなか、地元や同級生たちの期待を一身に背負って、負けたらおしまいというトーナメント戦を闘う状況は、10代の選手たちにとっていったいどれだけのプレッシャーだろうか。

甲子園駅の改修前、駅の階段には「**高校球児の98%がここで敗者になる。そしてもっと強くなる。**」と書かれていた。

そのとおり、1位の座は一度も負けなかったチームに与えられるが、ほかのチームだってもっと強くなる。失敗は人をさらに強くするのだ。

NBA（全米バスケットボール協会）、ミルウォーキー・バックスのスター選手ヤニス・アデトクンボの逸話もいい。

2023年のプレーオフで番狂わせが起き、強豪チームであるバックスは1試合目で敗退してしまった。

試合後の記者会見で、キャプテンのヤニスは記者から、「今シーズンは失敗だったと思いますか？」と質問された。

ヤニスは明らかにこの質問が気に食わない様子で、頭を抱えて「まったく！」と言うとため息をついてから、「エリック、君は去年も同じ質問をしたよ」と返した。

そして、反対に記者に尋ねたのだ。

「君は毎年昇進する？　しないよね。じゃあそれは、君の仕事が毎年失敗しているということ？　違うよね。君は毎年何かしらの目標に向かって真面目に仕事をしている。家族にいい暮らしをさせたいとか、両親に家を買いたいとか……。何であれ、**君のやってきたすべては失敗じゃなくて、成功へ向けて歩み続けてるんだよ。**マイケル・ジョーダンはNBAでプレーした15年のあいだに、6回優勝を経験してる。じゃあ残りの9年は失敗だった？」

「いいえ」と記者。

「だったら、君はどうしてこんな質問をするんだい？　そもそも質問が間違ってるんだよ。スポーツに失敗はない」

同じ理屈で、人生に失敗はない。

私たちは成功に向けて歩み続けているだけなのだ。

CHAPTER

7

「自己評価」を上げる

能力の高い人は自分を「過小評価」する

ジェーンには1つ、欠点がある。

それは他人の長所しか見えないことだ。

あなたはいま、それのどこが欠点なのかと、あきれたかもしれない。他人から学ぶ機会がたくさんあるということだし、世界が輝いて見えるじゃないか、と。

でもそのせいでジェーンは苦しんできた。

実際、ジェーンはいつも心から人をほめるので、みんなに好かれていた。

だが彼女は自分が好きではなかった。なぜなら彼女には「他人の長所ばかり見えて、自分の長所が見えない」からだ。

私が長く一緒に仕事をしているカメラマンもそうだ。

彼女は数々のスターやセレブと仕事をし、世界各地のファッションショーにも参加している。彼女の手にしたカメラは、まるで魔法のようにすばらしい作品を生み出しては、人々を魅了している。

毎日たった5時間しか寝ていないという彼女は、撮影のほかにも、起業したり、チームを管理したり、社会問題にコミットしたり、保護動物のボランティアにも定期的に参加したりするなど、八面六臂《はちめんろっぴ》の活躍を見せている。

だが、彼女は自分には能力がないと悩んでいる。彼女にこの本のテーマを話したときの最初の反応は、「私にはニセモノ思考なんて言う資格すらないと思う」だった。


「ダニング＝クルーガー効果」という言葉を聞いたことがあるだろうか。

心理学者のデイヴィッド・ダニングとジャスティン・クルーガーが、ある特定の領域で、能力の低い人のほうが、自身の能力を高く評価していることを発見した。[1]

率直に言ってしまえば、「**出来の悪い人は、自分の出来が悪いとわからない**」ということだ。だから今後、誰かが自分の能力をはるかに上回ることをしようとしても、その人を責めないでほしい。その人自身は気づいていないのだから。

一方で、能力の高い人は、自分を過小評価しがちな傾向があるという。

つまり、いつも謙虚で、自分には能力が足りないと感じているあなたは、ある意味ではすでに優秀だというお墨つきをもらっているとも言える。

自分の能力不足を心配している時点で、あなたは高い自己理解と自己認識の能力を有しているということだし、[2] それこそが優秀さの基礎でもあるのだ。

客観的に自分を評価する

とはいえ、自分で自分を見るときと、他人を見るときとでは、どうしてこうも違うのだろう？

韓国の精神科医ヤン・ジェジンとヤン・ジェウンはこう言っている。

私たちは他人について、あの人は几帳面《きちょうめん》で、あの人は仕事ができる、あの人は舞台に上がるとスーパースターのように見えるなど、特定の側面から相手を判断し、敬意を抱く。しかし、それは彼らのすべてではない。たいていの場合、接する機会が多ければ多いほど、相手の欠点が目につくようになるし、尊敬の程度も低くなる。

一方で人は自分とはつねに接している。自分の内面や考え方、意思決定のプロセス、そして自分の弱点まで熟知している。

だからこそ、自分を尊敬するのはとても難しい。

もっともよい方法は、**「客観的に自分を見る」能力を磨く**ことだ。理性的に自分を観察し、外的な刺激と内面の変化との相関関係を見極め、少しずつ客観的な評価を下せるようになろう。

当然ながら、人の長所を見つけたり、人を尊敬したりするのは悪いことではない。だが重視すべきは、学びのプロセス（進歩の度合いなど）であって、結果（業績や年収）ではない。

もし他人への敬意がたんなる成果にもとづくものなら、あなたの自己評価はネガティブになる可能性が高いだろう。[3]

「恥ずかしい思い」を口に出す

ブレネー・ブラウンが提唱する「恥」から回復するための理論は、3つのステップで構成されている。

「自分が恥を感じていると知ること」「そこから学びを得て前進すること」、そして「他者とより強い関係を築くこと」だ。[4]

もし手早く解決したいなら?

彼女いわく、「恥について研究する学者として、恥を感じたときにもっとも効果的なのは、直感に反するアプローチだと知っています。つまり、勇気を持って口に出してしまうのです!」[5]

これを読んだあなたは、「すでに十分恥ずかしいと感じているのに、さらに口に出すなんて! エレベーターのなかで『おならをしたのは自分です』と言うようなものじゃないか」などと思ったのではないだろうか。

でも実際に私がこのアプローチを試してみたら、思いのほか効果的だった。

あるインタビュー番組に出演したときのことだ。番組でも台本を用意してくれていたし、私もできるだけの準備をして本番に臨んだ。ところが「5、4、3、2、1」とカウントダウンが終わったあとに司会者に訊かれたのは、8割が台本に載っていない質問だった。私は突発的な状況に対応するのがとても苦手な人間だ。しかもそれは、撮り直しがきかない番組だった。

頭が真っ白になった私は、質問に対する答えをなんとかひねり出したり、半ば強引に自分が知っている分野に持っていったりして、その場をしのいだ。

インタビューが終了して建物を出ると、私はすぐにチームのメンバーを振り返って涙声で言った。

「司会者が台本どおりにやってくれなかったから、支離滅裂《しりめつれつ》なことばかり話しちゃった。これがネットに公開されるなんて、もうおしまいよ！」

次のスケジュールの調整で忙しくしていたメンバーは、「そんなことないよ、大丈夫！」とかたちばかりの慰めの言葉をくれると、さっさと歩きはじめた。

この話のポイントは、彼らのありきたりな慰めではない。

口に出したあと、私の気持ちがふっと軽くなったことだ。

「まあいっか！　少なくともここにいる数人は理由（言い訳とも言うが）を知っているわけだし、もし放送後に悲惨なことになっても、私のせいじゃないってわかってくれるもんね」

そう思えたのだ。言葉にしたことで、私は恥を手放すことができたのだ。

「事実」をリストアップする

あなたの気持ちや解釈はどうであれ、ものごとには客観的な事実というものが存在する。たとえば面接に合格した、厳しい状況を無事に乗り越えた、クライアントから注文を受けた、などがそうだ。

心理学者のサンディ・マン博士は、ニセモノ思考に襲われたときは、そうした客観的な事実とあなたの考え、さらに、それを成しとげることを可能にしたあなたの能力を書いてみることを勧める。[6]

1．「プラスのこと」があったとき

事実：面接に合格した。

ニセモノ思考：ただ運よく面接官が、私が得意な分野の質問をしてくれたからだ。ほかの人は私よりも能力が高そうに見えたし、面接官は私を選んだことをすぐに後悔するだろう。

可能にした能力：このポジションは、私の過去のキャリアや経験を生かすことができるし、私は面接のために十分な準備をした。

2．「マイナスのこと」があったとき

事実：クライアントが発注前に厳しいクレームを入れてきた。

ニセモノ思考：私の商品に不満があったのだ。今回注文してくれたのは、時間がないなどの理由があったからで、きっともう次はない。

可能にした能力：クライアントがクレームを入れてきたのは、私にはそれをどうにかする力があると思っているからだ。そうでなければ注文をキャンセルするはずだ。そうしないということは、現段階では私の商品が彼らにとっては最善の選択なのだ。

客観的な第三者としてこれらのケースを見て、「ニセモノ思考」と「可能にした能力」を比べると、どちらが大きな原因となっているように思えるだろうか？

こうやって**リストアップすれば、自分を肯定しやすくなる**のではないだろうか。

長所を満載した「宝石箱」をつくる

そしてもう1つ、ニセモノ思考に対抗するための「宝石箱」をつくっておこう。ファイルでもいいし、ノートでも小さな箱でもいい。ほめられたら、そこに記録しておくのだ（ほめ言葉を打ち消すような自己否定の声が湧いてきても、ひとまず無視しよう）。

たとえば、「私の選んだギフトをクライアントが気に入ってくれた」「親友が私に愚痴をこぼしたあと、『話を聞いてくれてありがとう』と言った」などなど。

あっという間に忘れてしまうような些細《ささい》なことだからこそ、書き留めてしまっておこう。そしてときどき開いてみては、「自分はすばらしい」と思い出すのだ。

ニセモノ思考が襲ってきたときには、これが有効な防具になる。なぜなら**すべて、あなたはよくできるという証《あかし》**なのだから。

同じようにして、あなた独自の武器リストをつくることもできる。

あなたの「長所」（例：フレンドリー、クリエイティビティがある）、「業績」（例：法律意見書を書けるようになった）、「すごいところ」（例：朝5時半には起きられる）、「人を助けられること」（例：電球の交換ができる）を列挙してみよう。

これらはきっと、あなたが自分の価値や長所を認識する手助けとなるはずだ。

「成長マインドセット」を意識する

「成長マインドセット」とは、個人の能力は努力や優れた戦略、他人の意見などによって伸ばせるという信念にもとづくマインドセットのことだ。[7]

つまり、成長マインドセットを持つ人は、自分には変わる力があると信じているのだ。

ものごとは変えられる、自分にはそれができるという「動的」なマインドセットは、自分を卑下してしまいがちな人にとって非常に重要だ。

スタンフォード大学のキャロル・S・ドゥエック教授は、成長マインドセットを育むためのメソッドをいくつか提案している。

1.「困難」を受け入れる

困難を障壁ではなく、変化や自己改善、ストレス耐性を高める機会ととらえる。

2.「学習」を志向する

目標を達成できたかどうかではなく、プロセスと学習に焦点を当てる。

3.「努力」と「忍耐力」を重視する

努力を惜しまず、目標に向かって歩み続けるだけでもすばらしい。不断の努力によって能力は変化すると考える。

4.「まだ」を強調する

能力は学習することができる。「できない」ではなく、「まだできていないだけ」と考える。

5.「成長型文化」をつくる

家庭や学校、職場で、天賦《てんぷ》の才能や結果だけではなく、チャレンジや努力、前進し続けることを励ます。

自己評価の低い人が変わろうとすると、その過程で自己不信や不安にとらわれる時期が訪れる。一つひとつの小さな勝利を祝福することで、ポジティブな側面に目を向け、努力を続けられるように自分を励まそう。

「励ましの力」は侮れない

私にそんなインスピレーションを与えてくれたのは、日本のドラマ『君の花になる』だ。

ドラマでは、男女の主人公がそれぞれの自己不信と闘っている。彼らはお互いにサポートし合うことを約束し、男性が女性の手のひらに花丸を描いて励ます場面がある。

ちょっと気恥ずかしい感じもするが、ここまで親密な行為ではなくても、同じ効果を得られることはあるのではないかと私は考えた。

コストコのスタッフはレシートをチェックする際、子連れだと、レシートにスマイルマークや花などを描いてくれることがある。

たった数秒のことだが、もらった子どもたちはみんな笑顔になる。

私たちも同じように、同僚や友人にＬＩＮＥでスタンプやドリンクチケット、簡単な一言を送ったりすることで、**お互い励まし合うことができる**のではないだろうか。


もちろん、自分で自分を励ますことだってできる。

「上司が私の提案をほめてくれたとき、それを否定せずに『ありがとうございます』と笑顔で応えられた。必要以上に卑下しなかった自分を、タピオカミルクティーでお祝いしよう！」というふうに、他人を介さずとも、私たちは自分で自分にパワーを注入し、前進し続けることができるのだ。

自己不信を克服して自信をつけ、自分の価値を高めようとするとき、進歩したと感じられることもあれば、逆流に押し戻されるボートになったような気持ちになることもあるだろう。まさに一歩進んで二歩下がるという心境だ。

アメリカの有名な俳優デンゼル・ワシントンはこう言った。

「転ぶときは前に転ぼう！　すべての失敗体験は、成功への一歩だ」

転べば必ず成果が得られるという意味ではない。

大事なのは、努力し続けることだ。

CHAPTER

8 「SNSの沼」から抜け出す

知らぬ間に「依存症」になっている

私はフェイスブックがサービスを開始してすぐに、アカウントをつくった。

あれは大学院の法律の授業中だった。

どうして授業中にそんなことをしたのかは覚えていない。

過去の投稿を振り返るたびに、「ああ、もうこんなに経つのか！」と思いながら、思い出を記録してくれるテクノロジーに感謝する。

スマホの画面をスクロールするだけで、友人たちが何をしているか、あるいは世界で何が起きているかがわかるなんてすばらしい。

だがあるとき、**自分が重度のSNS依存症になっていると気づいた。**

医者の診断がなくとも、これではいけないとわかった。

あのころ私は10分置きにスマホを手に取り、フェイスブックにインスタグラム、ツイッター（現X）、リンクトインをひととおりチェックし、新しい投稿がないか確認すると、メールボックスを更新していた。たとえ広告メールしか届いていなくても、すぐに把握しておきたかったのだ。

フェイスブックのアカウント3つ、インスタグラムのアカウント2つ、それにツイッターのアカウントをひととおりチェックしても、10分経つとまた全部チェックしないと気が済まない。

食事をしているとき、信号を待っているとき、料理ができるのを待っているとき、ドライヤーを使っているとき、あるいは仕事の途中であっても、まるで息抜きでもするかのように、無意識のうちにスマホを手に取って画面をスクロールしているのだ

（そう、いまもチェックしたばかりだ）。

それはFOMO（取り残されることへの不安。自分がいないときに何か面白いことが起こっているのではないかと心配してしまう感覚）だと言う人もいれば、ネット世代の文明病だと言う人もいる。

自分でわかる。これは依存症だ。

ウィキペディアの定義によれば、依存症とは**「行為がもたらすであろう悪い結果を知っているにもかかわらず、繰り返してしまう」**状態を指す。[1]

これがよくないことは自分でもわかっていた。

視力やリアルな人間関係にもたらす影響は言うまでもないが、限られた時間やエネルギーの使い方としても非効率きわまりない。

ましてや、一日中スマホをスクロールすることが人生の役に立つとはとても思えない。

友人の活躍を見るほど「自己評価」が下がる

さらに悪いことに、ＳＮＳは私の自己不信を助長した。

クリスティン・ミシェル・カーターが雑誌『フォーブス』で、ミレニアム世代[2]はもっともニセモノ思考が現れやすいグループだと語っていたが、私もまさにその世代にあたる。

この世代は、一日中インターネットやメールを使って仕事をすることになった最初の世代で、社会に出る時期と、テクノロジー化やデジタル化が急速に進んだ時期がちょうど重なっている。

おかげで情報不安や社会的プレッシャー、比較にさらされやすく、ほかの世代よりもニセモノ思考に陥《おちい》りやすいというのだ。[3]

ミレニアム世代は現在、中年になっているか、中年に差しかかるころだが、若い世代でもＳＮＳの影響は依然大きい。

ＳＮＳの利用が、大学生のあいだで仲間同士の比較を強め、自己認識を変化させることを示唆《しさ》する研究がある。[4]

バヴヤ・ミシュラとソニ・ケワラマニは、18～25歳のグループを調査し、**SNSの使用頻度が高いほど、自己不信とニセモノ思考の程度も高くなる**ことを示した。[5]

おそらく、SNSでシェアされる投稿のほとんどが、美しく飾り立てられた瞬間や成功体験であることも原因だろう。日常的に他人の輝かしいところばかり見ていると、自分と無意味な比較をしてしまう。

私もSNSを開くたびに、友人の誰それがまた本を出版したとか、誰それがオンライン講義をしたとか、誰それが今週何冊本を読んだとか、誰それが自己を高める勉強をしたとかいう投稿が目に飛び込んでくる。

一方、私ときたら、だらしない格好で家にこもり、未読のメールと格闘している。こんなので彼らに勝てるわけがない。

また、SNSはセルフプロモーションに重点を置いている。ユーザーは一定のイメージを守らなければというプレッシャーを感じ、イメージと実際の生活との落差に、自己評価を低下させてしまう。

リアルの自分は「ＳＮＳの自分」に一生勝てない

ティックトックで10万人以上のフォロワーを持つアメリカのインフルエンサー、ベラ・ジェラルドは、自分の写真をネットにアップする際には、少なくとも3つのアプリで加工していることを打ち明けている。「リアルな私は、写真のなかの私に一生勝てない」[6]と。

私がどうやってＳＮＳとの関係を変えたらいいか悩んでいたとき、友人の石田さんが現れた。

俳優をしている石田さんは、最新の出演映画が封切られたばかりで、ドラマももうすぐ放映開始という時期だった。普通ならプロモーション活動に追われているところだが、彼は自分のリズムで生きている。

彼はＳＮＳをほとんど更新しないばかりか、ときには数週間もネットに接続しない。ようやく更新されたかと思えば、大自然や釣り、農業をしている写真なんかをアップするのだ。

私と話しながら、彼は笑って言った。

「ダイビングや畑仕事をしに行くような場所には、インターネットなんてないからね」

彼のライフスタイルと束縛だらけの自分の生活を比べて、その自由なスピリットがうらやましくて仕方なかった。

「依存症になっているだけだよ」と彼は言った。「SNSをうまく使いこなすのは簡単じゃないからね。できるだけ減らしたほうがいいよ!」

「でも私たちの仕事にはセルフプロモーションが必要なのよ!」

私はつい言い訳をしてしまった。まるで自分こそがスターであるみたいに。

「自分のSNSの使い方をしっかり見直してみたら、ほとんどが時間の無駄だったって気づくと思うよ。何か投稿したり返信したりするにしても、**1日10分もあれば終わるんじゃないかな**」


この言葉に衝撃を受けた私は、彼のアドバイスどおりに、スマホを遠くに置いて、意識的に距離をとってみた。

もしあなたも私と同じようにデジタル・デトックスに挑戦したら、きっとそれが想像以上に難しいとわかるはずだ。

ニール・イヤールとジュリー・リーは、ベストセラー『最強の集中力』(日経BP)

で、これは**脳の初期設定が不満と不快感になっている**からだと言う。

どれだけ楽しい（あるいはすばらしい快楽をもたらしてくれるだろう）ことを体験しても、あなたの満足度はあっという間に初期設定に戻ってしまう。[7]

だからネットからどれだけ刺激を受けても、すぐにまた退屈し、新しい刺激を探してしまうのだ。

自分をどう思うかで「時間の使い方」が決まる

ジェームズ・クリアーの『ジェームズ・クリアー式　複利で伸びる1つの習慣』（パンローリング）を読んで、私は「自分をどんな人間と思うかで、時間の使い方が決まる」と考えるようになった。[8]

日々の時間をどう使うかは、あなたが自分をどんな人間だと思っているかで決まる。

たとえば自分は人に尽くすのが好きだと思えば、仕事や生活において他人を助けることに時間を割くだろう。自分はスポーツ好きだと思えば、身体を動かすことに時間を割くだろう。それがあなたの価値観だ。

価値観とは、「自分はどうありたいか、何を支持したいか、社会とどうつながりたいか」だと、精神科医で作家のラス・ハリスは言う。[9]

ではあなたは、自分をどんな人間だと思いたいだろうか？　いちばん最初に挙がるのが「SNS依存症」だという人はいないだろう。

ニール・イヤールとジュリー・リーは、心理学の理論と実証にもとづいて、最初にすべきは、自分の価値観のために時間を捻出《ねんしゅつ》することだと言う。その次が、自分自身、あるいは大切な人（家族や親友）のための時間だ。

まずはこうしたことに使う時間を、週間スケジュールに書き込んでしまうのだ。

「自分がどんな人間かにもとづいて選択をしよう！」と彼らは言う。

マリー・フォーレオの『あなたの才能を引き出すレッスン』でも、「まず創造、次に吸収」という、同じようなアプローチが提唱されている。つまり、**まずはあなたが思い描く生活や仕事を創造することに時間を割くべき**だというのだ。

たとえば、心をクリアにするために、一日の始まりに10分間瞑想する。エネルギーとスタミナをつけたいので、15分間運動する。大口のクライアントを獲得するプランを立てるために、その案件に25分間集中する、など。

そして、こうした優先事項をやり終えてから、（インターネット、ニュース、メールなどで）情報を受信することを自分に許可しよう。[10]

ＳＮＳを「目に入れない」ようにする

私のクライアントは世界中にいるので、タイムゾーンもばらばらだ。こちらが何時であろうと、世界のどこかでは私の返信を待っている人がいる。

いまのポジションに就いたとき、最初はどうしたらいいかわからず、夜中の3時になると自然に目が覚めてしまって、メールの返信をしていた時期もあった。

未読のメールを見つけると、開かずにはいられなくなり、気がつけば朝になっていたなんてことも少なくない。

コービー・ブライアント（ＮＢＡのスター選手で、毎日早朝に練習する習慣があった）[11]ほどではないが、私も朝4時の景色を何度も目にしているのだ。少しも健康的じゃないけれど（苦笑）。

スウェーデンの精神科医アンデシュ・ハンセンの著作『スマホ脳』（新潮社）を読んで、これは自分自身が招いたものだと気づいた。

メールボックスに太字で表示される未読メールの件名、メッセージアプリに赤い丸で表示される未読メッセージの数、SNSの未読の投稿の表示……。

これらはすべて、アプリに注目させ、より長い時間アプリ内にとどまらせようと綿密にデザインされたメカニズムなのだ。[12]

さらに、スマホの画面が発するブルーライトは、睡眠を促《うなが》すメラトニンの分泌《ぶんぴつ》を抑制する。

だから寝る前にスマホをいじったり、夜中に目を覚ましてメッセージをチェックしたりすると、大脳に昼だと誤認させてしまう。

どうりで私の睡眠の質がどんどん悪くなっていったわけだ。

私はニール・イヤールとジュリー・リーのアドバイスにしたがって、スマホのアプリの並べ方と設定を変えた。

ホーム画面には実用的なアプリ（マップ、電話、メモ、配車など）だけを残し、SNSアプリはほかの画面に移動し、通知をすべてオフにした。**実行するのに1分とかからなかった。**

だが、すごいことが起こった。

次の日、スマホをさわる時間が半分に減ったのだ！

しかも使用時間のほとんどが、仕事のメールのやり取りか、勉強のためのポッドキャストの使用だった。

「10分待つ」というシンプルな方法

でも、仕事はどうすればいいのだろう？

世界のどこかには、首を長くして私の返信を待っている人たちがいるし、ワークグループのメッセージは次から次へと入ってくるし、プロジェクト管理ソフトもどんどん更新情報を送ってくる。

これは職場の文化や、組織の従業員に対する期待に関わっていて、個人の裁量の範囲を超えていたので、私は正直に上司に相談することにした。

幸運なことに、私の会社はメンタルヘルスを重視し、従業員がつねに待機していなければいけないという文化もない。「誰も燃え尽き《バーンアウト》させたくない」と、上司も繰り返し強調している。

上司と話し合ったあと、私たちはあるシステムを構築した。クライアントをカテゴライズし、第1グループには24時間以内に返信、第2グループには48時間以内、などと決めたのだ。

このおかげで、「未読メール0件を維持しなければ」という私のプレッシャーを大幅に低減できた。

「すぐに返信することが積極性を表しているわけじゃない。ときには時間を必要とすることもある。**急いで返信するのが必ずしもいいこととは限らないよ**」と上司は教えてくれた。

この価値観にもとづいて、私は仕事のメールやメッセージに対処する時間を集中させてみた（1日に4件しかメールを処理しない、メッセージは30分に1回だけ対応するなど）。そうやって返信にわずらわされない時間を生み出したことで、深夜に自然と目を覚ますこともなくなっていった。

SNSの話に戻ろう。

もし他人の投稿が気になって気になって仕方ない場合は、アメリカの精神科医アンナ・レンブケ博士の言うとおり、10分待とう！

博士によれば、各種の快楽刺激（ネットサーフィンをする、唐揚げを食べる、スマホゲームをする、薬物を摂取するなど）は大脳にドーパミンを分泌させるため、自力では抜け出すことが難しくなり、依存症につながるという。

だが幸いなことに、大脳には内分泌を自然に調整するメカニズムが備わっている。

もしあなたがチョコレートケーキを1つ食べて、心身が快感を覚え、もっと食べたいと思ったら、いちばんよい方法は「待つ」ことだ。

大脳がドーパミンの分泌を通常の量に戻すまで待ったら、もうそれほど食べたいとは思わなくなっているはずだ。[13]

だから、もう1本ユーチューブを見たくなったとき、もう1瓶ビールを飲みたくなったとき、もう1話ドラマを観たくなったときは、10分待とう。きっと予期せぬ効果があるはずだ。

そうそう、石田さんいわく、新しく登場したスレッズというSNSは、依存症になりにくいそうだ（私もそう感じるけれど、それはそもそも私のスレッズにたいした数の友人がいないからかもしれない）。

いずれにせよ、SNSの使用頻度を減らせば、あなたの自己評価は多少なりとも改善するはずだ。

PART

3

「控えめ」だから成功する

さりげなく勝つ作戦

「はじめまして。ご職業は？」

私は社交の場も、短時間で多くの人と名刺交換をするのも、5秒以内で自分の仕事を紹介するのも苦手だ（そんな私がビジネス書を書いているなんて！）。

ところが、いたるところでこの質問に遭遇する。まるで、私は職業そのものであり、職業を知れば私のことがわかるとでもいうかのようだ。

とはいえ、彼らを責めるわけにもいかない。私たちは一日のうち、少なくとも3分の1の時間を仕事に費やしている。いまあなたがこの本を手に取っているのも、職場での時間を変えたいと思っているからだろう。

仕事は収入や達成感、自信、ひいては人生の意義にまで関係してくる。

ましてや謙虚で控えめな人たちにとっては、ストレスと競争に満ちた職場は、もっとも強いダメージを受ける場の1つになり得る。

新しい環境に変わったばかりのとき、上司から大きな仕事を任されたとき、重要なクライアントと商談をするとき、昇給について話し合うとき、最終面接までたどり着いたとき……。職場において自己不信の気持ちが現れそうな場面は、数え切れないほどある。大丈夫、一歩一歩進んでいこう。

CHAPTER

9 違うことは「強み」である

「自分には資格がない」という思い込み

世界トップクラスのシェアを誇るビジネス雑誌『フォーブス』は、毎年「フォーブス30アンダー30（30歳未満の特筆すべき30人）」や、「世界でもっとも影響力ある女性100人」などを発表し、表彰している。[1]

私はかつて、4か月のあいだに2回『フォーブスジャパン』で紹介されたことがある。政治家以外の台湾人としては、初めての快挙だという。

最初に掲載されたとき、日本の編集長が深夜にメッセージを送ってきた。紙の雑誌はこの数日で完売し、古本サイトでも手に入らない状態になっているという。2回目のときは、「サイトの閲覧数が開設以来最高の数字になっている」とのことだった。

けれど、私にはそれが私のおかげではないことが、よくわかっていた。「同じ号に近藤麻理恵さんが登場しているからでしょう？　みんな、彼女が3人目のお子さんを出産したあとも、片づけを続けられるかどうかに関心があるのよ」「私が編集長と対談したからじゃない？　編集長ってどこか神秘的な立場だから、きっとみんな彼のストーリーに関心があるんだ」

フォーブスジャパンもエージェント会社も出版社も、こぞって私を祝ってくれたが、私はというと、どういう態度でどう返せばいいか、内心モヤモヤとした気持ちを抱いていた。


作家としてアメリカでインタビューを受けたときもそうだった。

私は終始神経を尖らせ、どこかでミスをおかして、台湾人作家という看板に傷をつけてしまわないか戦々恐々としていた。

当時の私は、まさに満身創痍《まんしんそうい》だった。

未経験の新人であり、マイノリティであり、クリエイティブ産業にたずさわり、初めて作家という身分になった私は、サインをすることすら恐ろしかった。私は心の底から、自分はこうしたすべてに見合わないと思っていた。

ブレネー・ブラウンによると、他者とうまくつながりを持てないとき、以下のサイクルで恥の感情が増幅するという。

「他人はみんな平気なのに自分だけがこうだと思う（個人化）」→「自分には問題があるのだと思う（病態化）」→「自分は恥じるべきだと思う（強化）」。私の状態はまさにこれだった。[2]

いまでも完全にそこから抜け出せたとは言えないし、ときどき同じ感覚に陥ることもあるが、私が試したさまざまなアプローチを紹介しよう。

この経験があなたの助けになればうれしい。

グーグルが新人を育てる方法

もしあなたがインターンや新入社員、あるいは新しいチーム／会社に加入したばかりだとしたら、ぜひとも覚えておいてほしい。いまは堂々と「まだわかりません！」「まだできません！」と言える貴重な時期なのだと。

それはあなたの理想とは違うかもしれない。

あなたはいち早く新しい環境に溶け込み、自分が即戦力になることを証明し、過去の経験や人脈を役立てて、よりよいチャンスをつかみたいと思っているだろう。

みんな、**登場するなり周囲を驚かせて、将来有望なモンスター級の新人だと思われたい**ものだ。

だが、はっきり言おう。

そういう誤った期待が、あなたの自己不信を悪化させるのだ。

新しい環境に慣れるには、一般的に3～6か月が必要とされている。[3]

さらに、ほとんどのことに余裕を持って対応できるようになったと感じられるまでには、およそ1年が必要だ。[4]

グーグルで働く友人によると、グーグルは入社してから6か月間は「仕事の業績を一切求めない」という。

グーグルに入りたがっている人は無数にいると知っている新入社員は、入社したからには何とかして自分の価値を証明しなくてはならない、というプレッシャーにさらされる。だからこそグーグルは、最初の半年間は「新人でいなさい」とわざわざ明示しているのだ。

では、そのあいだは何をすればいいのだろうか。

「参加したい会議があれば参加して、試したいことがあれば試す。とにかくあちこち見学して、あれこれ学んで、どんどん質問する」のだと友人は言った。

もちろん、あらゆる会社がグーグルのように半年間の猶予《ゆうよ》を設けているわけではない。

だが、新人にベテランと同じパフォーマンスを期待する会社はない。上司も同僚も、その点は心得ている。

「溶け込んでいない」という強み

想像してみてほしい。

たとえばベテランの自動車修理工が、A工場からB工場に移ったとしよう。

彼の技能は100パーセント移行できるにしても、以前とは異なる動線、工程、工具の位置、チーム編成、企業文化などに慣れるまでには、やはりそれなりの時間が必要だろう。それに、A工場とB工場でそっくり同じ仕事をするわけでもない。

であれば、新人としてのあなたがすべき主な仕事は、「質問すること」と「ほかの人をサポートすること」（「お手伝いできることはありますか？」を口癖にしよう）と「サポートを受けること」（新人なんだから、わからなくて当然）、そして「学ぶこと」だ。

私を信じてほしい。

上司には新人に「何か質問はない？」といちいち確認する時間はない。だから主体的に質問することは上司の助けにもなる。

自分に対する忍耐力を持って、「ほかの人よりどれだけ遅れているか」ではなく、**「毎日しっかり学び、積極的に前へ進む」ことに重点を置こう。**

実際のところ、「まだ現場に溶け込んでいない」新人は、ときに大きな利点となる。なぜなら、まったく新しい視点でものごとを見られるからだ。

私は以前、ある会社の社長が新人の製品スペシャリストに、「私はこの業界に長くいすぎて、すべてに慣れてしまった。もし何か気づいたことがあれば、教えてほしい。私にはあなたの視点が必要だ」と言うのを聞いたことがある。

あなたも新人でいられる期間をしっかり活用しよう！

「なぜここにいるのか？」を思い出す

ミシェル・オバマは著作『心に、光を。』（KADOKAWA）で、彼女が法律事務所に入社したばかりのころに出会った、女性の上司たちについて書いている。男性優位の環境で、大変なハンデを背負いながら、国際弁護士事務所のパートナーとなった女性たちだ。

仕事は丁寧で正確だが、プライベートについてはほとんど明かさず、心温まる交流は一切持てなかった。

それどころかチームに若い女性が入ってくると、この先駆者たちは厳しい目で後進をチェックした。

なぜなら「ひとりの女性のミスは、すべての女性のミス」にされてしまうからだ。[5]

またミシェルは、彼女が名門プリンストン大学に入学したとき、キャンパスは「白人男性」ばかりであり、自分と似たような人はほとんどいなかったとも書いている。[6]

初めて彼女に出会う人の顔にはみな、「なぜ君がここにいるんだ」という驚きがにじんでいたという。

もしあなたがチームのなかのマイノリティだったとしたら、自分はここにいるべきじゃないと考える前に、**あなたがいま実際にそこにいる理由**について考えてほしい。

そう、あなたがすでにそこにいるということは、あなたにはほかの人と同じように、そこにいる資格があるということだ。

それから、自分がなぜそこに来たのかを考えてみてほしい。そこには必ず理由があるはずだ。会社の待遇がいい、自分自身に挑戦したかった、関連する領域を経験してみたかったなど、いろいろあるだろう。

たとえあなたの両親に、親戚の会社に入社するように言われたのだとしても、それを受け入れたのには何か理由があったはずだ。

風に吹かれてやってきたわけではないのだから、「私はなんでここにいるんだろう」と考えるのはもうやめよう。

あなたがここに来た理由を思い出して、しっかり心に刻んでほしい。

ここは「オリンピック会場」ではない

そしてもう1つ、ここはオリンピック会場ではない。あなたは国の名誉を背負って戦ったり、特定のグループを代表したりする必要はない。

あなたはあなた自身の代表でしかないのだ。

ミシェルの上司たちは、ひとりの女性のミスが「すべての女性のミス」ととらえられることを恐れて、彼女に厳しくしたが、私は長い時間をかけてようやく、そもそも私たちは自分の責任を重く考えすぎているのだと悟った。

「私はこのグループ初めての、そしてただひとりの女性／男性だ。もし私が失敗すれば、女性／男性がみんなダメだということになってしまう」という考えは、ただあなたのストレスを増やすだけだ。

国家の興亡を、あなたに背負わせようという人はいない。万が一あなたが失敗したとしても、あなたの経験は次の世代の女性／男性／先住民族／台湾人が道を拓《ひら》く助けになる。あなたが思うほど、たいしたことではないのだ。

テニスプレーヤーのノバク・ジョコビッチは、セルビアを代表するのに世界でもっともふさわしい人物のひとりだろう。

しかし、彼がワクチン接種を拒否したり、新型コロナウイルス感染後の隔離規定に違反したりしたとき、あなたはすべてのセルビア人が同じだと思っただろうか？

そうではないだろう。ジョコビッチほどの人であっても、自分自身を代表しているだけなのだ。

野茂英雄や陳金鋒《チェンジンフォン》がメジャーリーグに挑戦しているとき、彼らはあくまでも「自分自身の」目標に集中していただけであって、固定観念を打ち破ろうとしていたわけではなかった。

それが結果として、あとに続く日本や台湾の野球選手に、アメリカ行きの門を開くことになった。

「他人との違い」が利点を生む

グループのなかのマイノリティとしてもっとも重要なのは、自分の仕事に力を尽くすことと、自分と他人との違いに敏感になりすぎないことだ。

戦闘機のパイロットは、圧倒的な男女差がある環境だ。とくに遠心機を使った耐G

訓練（高い重力加速度に適応するための訓練）は、体力的に大きな挑戦となる。

このようなチャレンジングな訓練について、台湾人女性パイロット鍾瀞儀《ジョンジンイー》は言った。

男性のほうが力も強いし身体もたくましいので、テストにパスしやすいと思っていたが、血液と体重はある一定の比率になっていて、そこに性別は関係ない、と。

グループのなかのマイノリティであっても、身体的条件に違いがあっても、彼女は冷静に分析し、手段を講じて男性と同じ基準のテストをパスしてみせた。

もしかするとあなたは、自分はほかの人とは違うから、ここにいる資格がないと思っているかもしれない。だが、じつはそれこそ状況を打開するチャンスでもある。あなたのアクセントであれ、個性であれ、バックグラウンドであれ、その他人との違いがどのような利点をもたらすのか、あるいはどのようにグループに役立つのかをよく考えてみよう。

そして**その利点を貪欲《どんよく》に利用して、自分の道を切り開こう**。

まわりの環境に慣れてくるころには、マイノリティだからといってあなたを特別視しない人が見えてくるだろう。

あなたの努力を認め、あなたの能力を信じてくれる人、そういう人たちはきっと最高の盟友になる。

「写真に写り込む人」のようにアピールする

アメリカで仕事を始めて間もないとき、クライアントに、窓口の担当者がころころ変わる会社があった。

当時の上司は、こうした会社の人事は「sink or swim（沈むか、泳ぐか）」と呼ばれると教えてくれた。

簡単に言ってしまえば、「自力で生き残れ」ということだ。

この手の会社は、最初から大勢の人を雇用し、きちんとしたトレーニングやサポートもなしに、自力で模索し適応することを新人に求める。

それで生き残れる者だけが残ればいい（当然ながらその数は少ない）という考えで、適応できなかった人たちが辞めたら、また新人を集めてくるのだ。

経営コンサルタントや投資銀行、大手法律事務所、テクノロジー関連のベンチャー企業など、プレッシャーが強く、スピードとパフォーマンスが求められる業界に、こうした文化が生まれやすい。

もしあなたが同様の文化のなかにいるなら、自己不信の思いが出現するリスクは高まるだろう。


「sink or swim」の言葉どおり、ここでは必死に泳がなければ沈んでしまう。**生き残るための最善の策は、大声でわめくことだ。**主体的にあなたを助けようとする人がいないのなら、自分から猛烈に存在感をアピールし、助けを求めるしかない。

「今日の午後、10分だけ時間をもらえませんか？　この案件の準備がもう少しで終わるんですけど、2か所だけ確認したいところがあるんです」

「来週のミーティングにはどんな資料が必要ですか？　お手伝いします」

「クライアントから、以前のプロセスはどうなったか訊かれたのですが、いつ新しいプロセスに変更したんでしょうか？　前のバージョンとの違いも知っておかないと先方に説明できないので、教えてください」

要するに、写真に写ろうとカメラにアピールする人のように、手を振り続け、自分から助けを求めるのだ。

内部のリソースには限りがあるので、同時に外部の助けも借りよう。同じ業界で働くネット上の友人、先輩、友人の友人、離職した社員などと知り合うのもいいだろう。

また、「試用期間を耐え抜いたら勝ち」というような合理的な目標を設定したり、自分をエンパワーメントしたり（「CHAPTER6『レジリエンス』を高める」参照）というアプローチも有効だ。

手を挙げてから考える

「sink or swim」というほどではないにしても、才能やクリエイティビティを重視する産業もまた、「私には才能が足りない」と人に感じさせやすい環境だ。

広告業界に勤めるジョアンは内向型で、才気にあふれ口も達者な同僚たちに囲まれて、自分はここにふさわしくない人間だと思っていた。

自由闊達《かったつ》な同僚たちとは違って、彼女は地に足のついた計画を立て、しっかり準備をし、人の意見を聞いてから自分の考えを述べるようなタイプだったが、おかげで、ある問題を抱えていた。

ブリーフィングやブレインストーミング会議などの場で、**矢継ぎ早に交わされる会話に口を挟むことができない**のだ。

口を開く準備ができるころには、すでに別の人が同じ質問をしていたり、同じアイデアを提案していたりした。

「私はそもそもこの仕事に向いていないのでは？」と何度も考えた。だが彼女は決めた。広告が好きなのだから、この仕事を続けるために戦おうと。

まず彼女は目標を変えた。

それまではいい質問を思いついてから手を挙げればいいと考えていたが、「最初に手を挙げる」ことを目標にした。何を訊くか、いい質問かどうか、笑われないかなどは二の次だ。

これを何度か試したところ、みんなの彼女を見る目が変わったことに気づいた。

そう、誰も彼女の質問やアイデアのクオリティなど気にしていないのだ。みんなが見ていたのは彼女の積極性や貢献度であって、上司にも好印象を残すことができた。

ブレインストーミング会議に臨む彼女は、「**こういう会議はそもそも人の話に割って入るもの**」と自分に言い聞かせた。

おかげで気楽に会話に参加することができるようになった。

ある国際的な企画コンペでは、自分の内向的な性格を逆手に取って、一切スピーチをしないプレゼンテーションをし、最優秀賞まで獲得した。

その後、国際的な広告代理店のディレクターにまで昇進した彼女は、自己不信の体験について惜しげもなくシェアし、広告業にたずさわる後進のサポートをしている。


外的な環境は自分の力では変えづらいことが多い。

だがジョアンの場合は、まず内的要因から自分自身を変え（業界全体を変えるよりずっと簡単だ）、対処するアプローチを探し、自分の道を切り拓いた。

「すべて自分のせいだ、こんなのは自分だけだ」といった考え方に対抗するにあたって、ブレネー・ブラウンは、以下のアプローチを提案する。

1．文脈化

「経営コンサルタントは競争性が高い業界だ」というように、全体を見る。

2．正常化

「なじめていない人はほかにもたくさんいる。そうでなければこんなに離職率が高いはずがない」というように、自分が感じていることは自分だけの特別なことではないと認識する。

3．事実の明確化

「このプレッシャーのもとでは自分に自信が持てないばかりか、会社のためにもならない。サポートしてくれるリソースはないだろうか？」というように、事実を整理し、客観的に考える。

あなたが新人やマイノリティだったり、特殊な環境で働いていたりする場合は、自信を持てないことも多いかもしれない。

でもあなたはひとりではないし、少しずつ自分を変えていくことはできる。

CHAPTER

10 「ここぞ」の場面で主張する

大事な場面で「本来の力」を発揮できない

コービーはテクノロジーベンチャー企業の創業者であり、CEOを務めている。会社設立から1年あまりが経つが、彼のもっとも重要な仕事の1つは、さまざまな投資家、パートナー、利害関係者たちに向けて何度もプレゼンを行い、起業家としてのアイデア、ビジョン、ソリューションを繰り返し伝えることだ。

同じことを何度も反復しているのに、彼はいつまで経ってもこの仕事に慣れなかった。プレゼンの前になると、いつも「なんで僕なんだ？　先方は本当に僕のアイデアを気に入ってくれているのか？」と懐疑的な気持ちになる。

終われば終わったで、目標をクリアした喜びや達成感に浸《ひた》ることもできず、まるでヴォルデモート（『ハリー・ポッター』に登場する闇の魔法使い）に全身の力を吸い取られてしまったかのように、疲労困憊《ひろうこんぱい》するばかりだった。

自己不信の思いは、ある特定の場面で出現しやすい。

とくに、責任の大きい場面や、あなた（もしくはあなたの商品やサービス）に対する他人の評価が関係してくる場面などに現れやすくなる。

重要なクライアントにプレゼンをするとき、上級幹部が出席する会議、大口の受注を争うとき、などなど。こういう場面で、あなたは謙虚になりすぎて、本来の力を発揮できないかもしれない。

もしこのような状況になったら、やはり「内面を鍛える」ことから始めてほしい（本書のPART1〜PART2参照）。

内面を鍛えたら、次は外的なテクニックを使って、内外両方から謙虚すぎる自分を挟み撃ちにしよう。

つまり「なんで私？　私はここで何をしているんだろう？」という自己不信に正面から向き合うのだ。

「自分は何者か」という問いに向き合う

かつて私は、プレゼンへの苦手意識を克服するために、多額の学費を払い、おそらく台湾全土でもっとも高額なトレーニングコースに参加したことがある。[1]

1か月にわたるプレゼンのトレーニングの最後に、ひとりわずか7分の持ち時間でプレゼンコンテストをした。

たった7分しかないので、どんな言葉も洗練され、どんなメッセージも聴衆の心に響き、どんな画像も最大の効果を発揮するものでなければならない。

この厳しく苦しい1か月の間、私は毎日、自己不信の波のなかを浮き沈みし、ときに溺れ死んでしまいそうだった。

ほかの参加者たちが精力的に構成を練り、資料を探し、リハーサルにいそしむなか、私はほとんどの時間、深い疑念の霧に閉じ込められていた。

「どうして私なの？　私は何の資格があってスピーチするの？　私はここで何をしているの？」と。

私は「スーパースターへの道」という昔のオーディション音楽番組で、ある参加者が私と同じような経緯をたどっていたことを思い出していた。

彼は髪を長く伸ばし、ロック路線を志していたにもかかわらず、番組で勝ち上がるために、甘くガーリーな曲に挑戦していた。

しかし迎えた最終決戦のとき、彼は眉に炎を描き、ギターを弾く手に数珠《じゅず》をはめ、ダンサーの代わりに**「八家将《はっかしょう》」という神の使いを連れてきた。**

八家将は舞台効果やドラマ性を狙ったものではない。それは台湾の廟《びょう》で生まれ育った彼の、「自分は何者か」という問いへの強烈なアンサーだった。

彼はこれで劇的な逆転優勝を果たしたのだった。

存在意義を「言語化」する

プレゼンの話に戻ると、ほかの人にとってはただトレーニングに参加し、その一環としてコンテストの準備をしているだけにすぎなかったのかもしれない。

だが私にとっては、それは人生の意味を探るようなもので、「私はどうしてこの仕事を選んだんだろう？　どうしてほかの人がこの仕事をやらないんだろう？」と、どんどん奥深いところまで探求していくことになった。

それは募金を集めるための単純なプレゼンだったが、私は自己不信でがんじがらめになっていた。

先に結果をお伝えしよう。私はコンテストで1位になった。

コーチの永福《ヨンフー》さんは、私のプレゼンが台湾の資金調達のリソースになると考え、コンテストのあと、ネットで公開する許可を得ようと熱心に私を説得した。私は2回丁重にお断りしたあと、しぶしぶ承諾することにした。

この動画は100回以上シェアされ、当初の予想の1万倍も視聴された。

おまけに3日後には、この動画をきっかけに寄付を申し出てくれた人までいた。

なかなかいい結果ではないだろうか？

では、あの1か月の間に私は何をしたのだろうか？

やはりいちばん大切なことは「私は何者？　どうして私？　私はここで何をしてい

るの？」という自分の疑問にしっかり答えたことだ。

もし、**いつも謙虚に考えすぎてしまうなら、それをギフトだと考えてみればいい。**自己不信のなかであなたを苦しめている疑問は、ほかの人も答えを知りたがっている疑問なのだから。

たとえばビジネスのプレゼンでは、投資する側は、「どうしてあなたがこの件をやっているのか？　どうしてあなたはほかの人よりもうまくやれるのか？」ということを知りたがっている。

心の葛藤や自己不信をすべて付箋《ふせん》に書き出し、コミュニケーション戦略や、あなたのウェブサイト、文章、プレゼンのなかに、その答えを一つひとつ織り込んでみよう。

謙虚なあなたは、こうした疑問をより強く自分に問いかけていることだろう。

もし「自分は何者か」という問いに答えを見つけ、うまく活用できたなら、それは最強の武器になる。

あなたは間違いなく、プレゼンをしたときの私と同じように、スターへの道の勝者になれるだろう。

意見を言いやすくなる「3つのフレーズ」

謙虚に自分の実力不足ばかり意識していると、会議や議論の場で、どうしても相手に同調しがちになる。

「あなたの言うとおり。そうしましょう」

「みんながOKなら、私もOKです」

しかしこうして何にでも同意していると、長期的にはまわりから、貢献度が低く、価値に乏しいと判断されてしまう。

たとえ実行力が高かったとしても、議論の場で存在感を示せなければ、手を動かすことしかできない「実行部隊」と見なされてしまう。

以下に挙げる定型文が、あなたの積極性をアピールする助けになるだろう。

1.「一歩引いて考えてみませんか?」

この言葉を口にするときは、心のなかで、後光を背負って効果音をつけよう。

あなたが大局的な視点で考えていることが周囲に伝われば、その後の発言も一段高い視点やレベルに見えるようになる。**グループでひととおり議論したあと、違う視点を提示したいときに、この言葉を使おう。**

たとえば、新しいウェブサイトのデザインを考える会議で、トップページには何を載せるべきか意見を出し合っているとき、「一歩引いて考えてみませんか？　私たちのサイトを見に来るのはどんな人でしょう？」とか、「私たちが本当にクリアすべき問題は何でしょうか？」というふうに使うことができる。

2．「あなたの言うとおりですし、それに……」

この文のポイントは、「あなたの言うとおり！」だけで終わらせず、そのあとにきちんと言葉を続けることだ。

この定型文を使う練習をすることで、他人の視点に自分の視点を補足したり、違う観点を提示したりすることができる。

そう、賛成だろうが反対だろうが、「しかし」ではなく、「それに」を使おう。

「それに」のいいところは、相手に、あなたの意見は受け止めているし、同意もしていると伝えられる点だ。

これなら衝突の可能性を大幅に減らすことができる。「それに」のあとに続く意見なら、前のロジックを発展させたものだとわかるので、周囲にも受け入れられやすいだろう。

たとえば、「あなたの言うとおり、サイトのトップページからすぐに私たちのサービスに行き着くほうがいいですね。それに、連絡先も強調したほうがいいと思います」というふうに使おう。

お気づきだろうか。

この例文、じつは**前の文と後の文の内容に、たいしたつながりはない。**

だが「それに」を使うことで、うまく自分の考えを議論のなかにすべりこませることができるのだ。

3.「ポイントを整理しましょう。これで合っていますか？」

もし本当に何も言うことが思いつかない、あるいは言おうとしたことをすべてほかの人に言われてしまったら、**意見をまとめることで先へ進む手助けをしよう。**

言ってみれば、曲の間奏や階段の踊り場のような役割を果たすのだ。

議論がある段階まできたら、

「ここまでの3つの合意点を整理させてください。1、サイトはウォーターフォールレイアウトにすること。2、トップページには動画やアニメーションは使わないけれど、視覚に訴えるビジュアルにすること。3、提供するサービスと管理者への問い合わせ方法は明確にすること。以上で合っていますか？　では、ビジュアルをどう強くするか、もう少し詰めていきましょう」

といった感じで言ってみよう。

あなたは一切新しい考えを述べていないし、他人の意見に賛成も反対も表明していない。それにもかかわらず、話を整理することで議論に貢献し、会議のテンポをリードすることができる。

すべての要求に応える必要はない
――ときに「押し戻す」ことでうまくいく

謙虚な人は、実力があっても、脳内で天使と悪魔が言い争うように、正反対の思考がぶつかることがある。

心のなかで、一方では、「自分はすごいんだ。業界でもトップクラスだし、高いお金を出してもらうべきだ！」と大声で叫び、もう一方では、「私にはできない。私はただ自分を大きく見せようとしているだけだ。そんなに期待しないでほしい！」と叫んでいるようなものだ。

だが、いちばん困るのは、これが天使と悪魔のように明確に区別できるものではないことだ。なぜなら、どちらも自分の本当の声なのだから。

あなたの仕事はプロ意識を持ってサービスを提供することであって、クライアントに迎合することではない。といっても、両者は明確に線引きできるものではないし、文化によって境界線は変わる。

たとえば台湾なら、ビジネスパーソンは「何としても使命を果たす」ように叩き込まれる。

クライアントが何と言おうと、どんなタイミングで言ってこようと、手持ちのリソースが足りなかろうと、どうにかして相手の望むものを提供するのがよしとされる。

ところがアメリカへ来て、私は初めて、クライアントに「push back（押し戻す）」をしてもいいと教わった。

当時の私にはさっぱり理解できなかった。

クライアントの要求には最大限応えるべきではないのか？　押し戻すって何？　どうやって押せばいいのか？

私のアメリカ人上司は、真剣にこう言った。

「ジル、あなたの仕事はクライアントにサービスを提供することであって、自分を消耗させることじゃない」「顧客管理には、彼らの期待を管理することもふくまれている。先方に非現実的な期待を抱かせないことも、あなたの大切な仕事だよ」と。

この観念は、私の脳の設定に大きな衝撃を与えた。

クライアントにサービスすることと、クライアントに迎合することはイコールではないと、本当の意味で理解するのに、長い時間がかかった。

私はクライアントが何を言ってこようと使命を果たそうとし、先方の要求を無理やりのもうとしてきた。

ところがアメリカ人上司は、「あなたは会社を危険にさらしている」と言う。

それに先方のご機嫌をとろうとするメンタリティは、結局のところ、自分の交渉力を著しく低下させるだけだということが、研究によって証明されている。[2]

だからクライアントと向き合うときには、脳内の天使と悪魔がどう言い争っていようと、「しっかり自分の仕事をする」という基本に立ち返ろう。

そこには商品やサービスに関する知識を持つこと、業界の事情に精通すること、クライアントの立場に立って複数のソリューションを提案することなどがふくまれる。

あなたの価値は、迎合することではなく、プロフェッショナルであることから生まれるのだ。

「最後の一線」を決めておく

クライアントと交渉中に相手のことを気遣いすぎると、目標を下方修正したり価格を下げすぎたりしてしまいがちだ。

それを避けるためには、面談前にしっかり戦略を立てておくことが大事だ。

たとえば、この交渉における自社もしくは上司の戦略は何か、底値はいくらか、その底値は本当にそれ以上まけられない価格なのか、それともまだフレキシブルなのか、もし価格交渉が不調だった場合、発注を受けることは会社にとってメリットとデメリットどちらが大きいのか、どういった条件なら受注を断るか……。

こうした限度を事前に整理して念頭に置いておけば、いつのまにかクライアントに主導権を握られて、「わかりましたよ、今回はその条件でお受けします！」などと全面的に屈する必要はなくなる。

アメリカ人上司は、もしその場で判断ができなければ、次に交渉するスペースをつくるために「一歩下がる」ように私に言った。

これもまた、私には理解できないアメリカの概念だった。

要するに、「少し時間をください。上司に確認してからお返事します」などと伝えて、いったん仕切り直すということだと、あとから理解した。

当然ながら、交渉のスペースを確保する方法はこれだけではない。

ともかく重要なのは、(同時に別のサービスも販売するなど) 全体としてより大きな利益を得ることであり、そのために交渉においてより多くの時間、リソースを獲得し、主導権を握ることにほかならない。

謙虚な人が他人と交渉をするときには、**高圧的でも卑屈でもない態度を確立し、自分と相手をよく知り、しっかりと準備をして臨もう。**

自分が何者で、何を持っているか、何をすべきかを理解すれば、より強く、より落ち着いた態度で、プロとしての能力を存分に発揮できるはずだ。

CHAPTER

11 「変化への抵抗」を消し去る

がんばっているのに「足りない」と思ってしまう

おしゃれなリノベカフェにいたとき、向かいに座る女性が泣き出した。

彼女は海外留学を経験し、修士号を2つ取得し、外資系商業銀行の中間管理職として働いている。ほかの人がやりたがらない仕事をみんな引き受けるような、模範的な社員だった。

しかし最近はいろいろうまくいかず、少し前に妊活《にんかつ》のために仕事を辞めたという。

しかし、いまだいい知らせはない。

でも彼女が泣き出したのは、それが原因ではなかった。

「前回あなたに会ったあと、カウンセラーのところで大泣きしちゃった」

そう聞いて、私は首をかしげた。

あの日、私たちは台北の大稲埕《だいとうてい》で楽しい午後を過ごしたはずだ。私にとってもめったにないほど愉快な時間だった。

それなのにどうして?

「覚えてる? あの日私に、休みをもらったのかって訊いたでしょう? あのとき本当はもう仕事を辞めてたの。でも言い出せなくて。いちばんの親友に嘘をついちゃった」

彼女は泣きながらそう言った。

知り合って20年にもなるのだ。彼女が悩みに悩んでやっと口に出したのだと、私にはわかった。借りた本のページが折れてしまっただけでも、心から謝るような人だ。

私は胸が痛んだ。

「仕事を辞めたくらい、どうってことないのに。私は養ってほしいなんて言わないよ」

私は冗談で場を和《なご》ませようとしたが、彼女の次の言葉を聞いて反省した。

「あなたは仕事で忙しいのに、本を出して、あちこちで講演までしてる。それなのに私は仕事すらなくなったなんて、とても言えないよ。向上心がないって思われるのが怖いもん」

この言葉を聞いた私は、ぽかんとして何秒か固まってしまった。

彼女はどうしてそんなふうに思ったんだろう⁉

彼女は仕事に情熱を注ぎながら、不妊治療のために頻繁にクリニックに足を運び、何種類もの注射や治療を受けて、そのあいだに3つめの修士号取得のための勉強までしていた。むしろ「がんばりすぎ」なくらいなのに！

「変化」という壁を乗り越える

人生のあらゆるステージで、私たちは彼女のように重大な決断を下すタイミングがある。

そういうとき、ほぼ必ず「べき」という言葉にぶつかる。

「卒業して何年も経つんだから、ちゃんとした仕事を探すべきだ」「せっかく入れた会社なのだから、マネージャーになるまでがんばるべきだ」など。こうした「べき」は私たちにプレッシャーを与える。

またさらに、違うことをしたり、いまやっていることをやめたりすることで、**危険や未知と向き合うというプレッシャー**もある。

このとき、自己不信の思いが目を覚ましてしまう。「やめときなよ。いまの仕事に不満があるとしても、もう慣れたし、同僚ともうまくやってるじゃないか」「全部やったことがないものばかりだよ。きっとみじめな結果になる！」「いまの仕事以外に私にできることがある？」などといった声が、あなたを元の場所へと引き戻してしまう。

重大な決断を迫られたとき、次に述べるようなアプローチが、新たな一歩を踏み出す助けになるかもしれない。

「準備万全」まで待ってはいけない

はっきり言おう。準備が整う日なんて永遠に来ない！

求職、転職、復職、昇進、創業、何でも同じだ。あなたの頭のなかには「まだ準備ができていない」という声が聞こえてくるだろう。

でも知っているだろうか？

ほかの人だって準備なんかできていないのだ。

だから目を閉じ、歯を食いしばって**「よし、やってみよう！」と声に出す**。これでもう半分勝ったようなものだ。

では、どうやって決断を下せばいいのだろうか？

アメリカの起業家ジム・ローンは、「人生には2種類の苦しみがある。訓練の苦しみと、後悔の苦しみだ。訓練の苦しみのほうが軽く、後悔の苦しみのほうが重い」と述べている。[1]

台湾大学の葉丙成《イエビンチエン》教授も同じことを言っていた。

あれは私が彼に招かれて、台湾大学の授業でスピーチをしたときのことだ。その年、彼のスタートアップ企業に郭台銘《グオタイミン》の永齢基金会が600万米ドルの投資をしてくれたが、資金の半分を費やしても、いまだ収益を出せていないと彼は話した。

彼にのしかかるプレッシャーは相当なもので、悪夢にうなされて飛び起きることもあるという。あるときなど、週刊誌の表紙に「資本はゼロに！　台大教授のスタートアップが郭台銘の2億元を溶かす」と大きく書かれている夢まで見たそうだ。

いっそ残り半分の資金を返還して、失敗を認めて幕引きにしようかとも考えたという。

だが彼は、やはり最後まで戦うと決めた。

その後、彼の企業は生き残れたばかりでなく、いまやひときわ精彩を放つ存在になっている。彼は言った。

「失敗や恥をかくこと、週刊誌に書かれることより何より〝後悔〟のほうがつらいってわかったんだ。過去は絶対に変えられない。もし全力を尽くす前にあきらめてしまったら、その後の人生でずっと『あのときもっとがんばっていたら』という気持ちから抜け出せない。それはきっと失敗することより何倍も苦しいよ」

なかには絶対に無理だと思って、やらないこともあるだろう。

たとえばあこがれの企業が、5年以上の経験者、マネージャーの経験があればなおよし、という条件で欠員募集をしたとしよう。

このときあなたに2年の経験しかなく、マネージャーになったこともなかったとしたら、きっと「無理だ」とあきらめて履歴書を送ることもしないだろう。

だがアメリカと台湾で1000を超える履歴書と数百を超える面接を見てきた経験から言うと、最終面接に呼ばれる人は、応募条件の6割ぐらいしか満たしていないことが多かった。アメリカにいたっては、そんな応募条件を満たしていない応募者が、待遇について条件交渉までしてくるのだ！

ここであらためて強調しておこう。

新たな挑戦に踏み出すにしろ、覚悟を決めて慣れ親しんだ職場を離れるにしろ、**「よし、やってみよう！」と声に出す**のだ。

これだけであなたはもう半分勝っている！

自分の「コアバリュー」を確認する

あなたがどんな決断をするかは、あなたがどんな人であるかによって決まる。

人生を長い目で見ると、あなたのすることとあなたの内なる人格が一致していなければ、自分らしさが失われて苦しむことになるだろう。

こうした苦しみに一生耐えることは難しい。

だからあなたは、いろいろ試したり調整したりして、自分の苦しみが軽減される道を探りはじめる。

山あり谷ありの探索を通して、少しずつ「こういう人生ならOK」というバランスに近づいていく。


私のある友人は、国際的に名の知れた化粧品会社で財務マネージャーをしていた。高い給料をもらって欧米を飛び回る彼女のことを、友人たちはみな、映画のようにスタイリッシュで輝かしい生活を送っていると思っていた。

だが、あるとき彼女は私に言った。

「そんなにいいもんじゃないわよ。たかが化粧品よ」

私はこの言葉を聞いて、きっと彼女は転職するだろうと思った。

その後、やはり彼女はNPOに転職することにした。

とはいえ、まったく未経験の業界なので、まずはとあるNPOのアシスタントに応募した。しかし彼女のキャリアを見た担当者が「ちょうど財務マネージャーのポストが空いてるんだけど、やってみない？」と打診したことで、彼女は自分の価値観にぴったりの業界に参入できた。

あなたの核となる価値観、すなわち**「コアバリュー」は何か、一度考えてみてほしい。**アメリカの著名なコンサルタント、アリソン・ルイスは著書『7分間ソリューション(The 7 Minute Solution)』(未邦訳)で、それを整理するためのリストを紹介している[2](次ページ参照)。

リストから、まず直感で自分に合っていると思う項目を7~10個選び、そのなかからさらに、自分の人生に欠かせないもの、自分らしいスタイルをもっともよく表しているもの、絶対に譲れない自分のコアバリューを3~5個選んでみてほしい。

先に言っておくが、この選択はかなり難しい!

エグゼクティブ・コーチを務めるメロディ・ワイルディングは、自分の人生でベストな状態、あるいはもっとも順調なときを思い浮かべることを勧めている。その瞬間のあなたの考えや行動は、どんな信念にもとづくものだったのか、よく考えてみてほしい、と。[3]

人生経験が変われば、あなたの価値観も変わる。

重大な決断を下すとき、あるいは尻込みして前へ踏み出せないとき、またここへ立ち戻ってみてもいい。

価値観リスト

□愛	□信念	□家族
□友情	□変化	□他人に奉仕する
□達成	□慈善	□他人をリードする
□興奮	□真正さ	□孤高
□芸術	□バランス	□時間
□コミュニティ	□笑顔	□誠実さ
□幸福	□他人への影響力	□知識
□安心感	□思いやり	□認められたい
□意義のある仕事	□お金	□貢献
□他人を助ける	□自然	□インスピレーション
□選択	□シェア	□楽しみ
□自由	□能力	□健康
□親密な関係	□喜び	□自尊
□成功	□効率性	□人に教える
□冒険	□成長	□安定
□独立	□探求	□プロフェッショナル
□権力	□平和	□旅行
□学び	□真摯さ	□つながり
□面白い	□創造性	□レジャー
□情熱	□相互信頼	□変化を生む
□心地よさ	□前進	□競争力
□信頼	□関係	□経済的安定
□秩序	□知性	□決断力
□潜在能力の発揮	□傑出	□リスクを恐れない
□思考力	□伝統	□歴史に名を残す

出典：Lewis Allyson. *The 7 Minute Solution.* Atria Books

決断したあとは「反省」しない

何か重要な決断をするとき、あなたの心のなかでは「もし○○だったらどうしよう?」という自問自答が、無数に繰り返されることだろう。

こうした心配にはまったく根拠がないわけではない。

確率で考えれば、どれも起こり得る問題であり、あなたはただリスク管理をしているだけなのだ。私にはわかる。

でも、いま一度考えてほしい。エクセルで表をつくって発生確率を分析するのはいいが、仮にそれが発生したとして、もたらされる損失はいったいどれくらいだろう?

コンフォートゾーンにとどまり続けるのは、銀行にお金を預けるようなものだ。リスクはないかもしれないが、それではいつまでたっても利益は出ない。

まずは、リスク管理とアセスメントをしっかり行う。それから、成長と学習にポイントを置いて一歩踏み出せば、それはあなたの利益になる。

何かを決断するときに悩むのは、先のことはわからないからだ。

もし決断が間違っていたら、一生その結果を背負っていくことになるかもしれない。一生後悔し続けることにならないだろうか？　そんな不安が脳裏をよぎる。スタートアップ専門投資家のフラン・ハウザーも、かつてこの問題に悩まされていたそうだ。しかし、彼女はこう考えるようにしたという。

世界は変化し続けているし、私たちの人生も変化し続けている。だからどんな決断であれ、永遠に正しいとも永遠に間違っているとも言うことはできない。**だが私たちは、いつでも調整をすることはできる**、と。

決断をしたら、いつまでも反省するのをやめよう。

もし結果が予期したものとは違ったり、修正が必要になったりしたら、正々堂々と、「当時の状況と現実を考えれば、私はベストの決断をした。状況が変わったから、あらためて考え直そう！」と思えばいいのだ。[4]

「価値観に沿った行動」をとる

この文章を書いているとき、私が入社面接を担当した後輩から、ちょうどメッセージが届いた。異動があって私はもう彼の直属の上司ではなくなったが、いまでも連絡を取り合っていて、私のほうから彼に様子を尋ねることもある。

「台湾の文化には慣れた？」

彼はカナダから台湾に移住してきて、いまはアメリカのクライアントを担当している。仕事よりも文化の違いのほうが大変なのではないかと、私は考えていた。

「アジアと北米の文化はまったく違いますが、だんだん慣れてきました。また別の日にお話しできたらうれしいです」

そう言うと、彼は話を変えた。

「『WAVE MAKERS～選挙の人々～』っていう台湾のドラマは見ましたか？」

ずいぶん台湾のトレンドに詳しいものだ。彼は続けた。

「ジルはあのドラマの主人公の翁文方《ウォンウェンファン》と同じように、勇敢で実直な人だなと思ったんです」

「えぇ？」

翁文方は、劇中で不正に立ち向かい、制度と戦ったヒロインだ。

私は気が小さい臆病者として知られている。道行く人に写真撮影を頼むことすらできない私が、そんな勇敢で実直なはずがない。

「ジルは僕が入社する前から、僕の利益のために動いてくれていたでしょう。翁文方と同じく、部下のために戦ってくれる人なんですよ」

私の価値観リストを見返してみると、実際に「他人を助ける」という項目にチェックがあった。

どうやら私のコアバリューに一致する行動は、私に力を与えてくれるらしい。

ぜひあなたもコアバリューを意識して行動しよう！

CHAPTER

12 さりげなく絶妙に「アピール」する

「自己PR」に抵抗がある

ディーラーを務めるトッドは車好きで、車や関連市場の知識には自信があった。勤務時間外にも情報交換サイトなどで新車の情報を調べ、消費者の反応を収集し、納品された新車の試乗をする海外のユーチューバーをチェックしている。

また、車椅子の乗り降りに便利なのはどの角度かということや、力の弱い母親たちはどうチャイルドシートを取りつけたらよいかということなどを、さまざまな消費者の目線に立って独自に研究していた。

最近彼がぶつかった問題は、ショールームで車を紹介するだけでなく、ユーチューブチャンネルを開設して潜在顧客にもアピールするように上司から言われたことだ。トッドは強い抵抗感を覚えた。

そんなことは全然したくなかったし、自分にできるとも思えなかった。もし無理をしてやったとしても、彼の動画を見る人なんていないという絶対的な自信があった。


私は彼に訊いた。

「どうしてそんなに自信を持って誰も見ないと言えるの？」

「誰がおじさんの体験動画なんて見たいと思う？　カメラの前だと緊張してうまくしゃべれないし。とにかく、恥ずかしいからそんなことしたくないんだよ！」

謙虚な人にとっては、羞恥心《しゅうちしん》はもはや影のように自分につきまとってくるものだ。トッドはショールームで車を紹介するなど、特定の領域には自信を持っていたが、それ以外の領域、とりわけ自己ＰＲが必要な場面で、自己不信に襲われるようだった。

トッドの場合、自己PRが必要になったのは上司に言われたからだが、最近ではビジネスにおいて、ネット上での知名度が重視されるようになっている。

とくに複数の職業や肩書を持つ人が増えている現在、誰もが多少なりとも「セルフブランディング」をし、ネット上の評判を高める必要がある。

続いては、あなたにこうした努力が必要になったとき、ストレスを軽くするアプローチを紹介しよう。

「弱さ」は強いアピールになる

外に向かって自己PRをするときに障害になるのは、「クライアント／視聴者は、私の完璧な姿を見たがっている」という思い込みだ。プレゼンは完璧でなくちゃダメ、あらゆる知識を身につけていなくちゃダメ、どんな質問にも余裕で答えられなくちゃダメ、そうでなければクライアントに信頼されない……。

考えてみよう。

あなたが買い物をするとき、完璧な人から完璧なサービスや商品を買いたいと思うだろうか？

もし販売員がふたりいて、ひとりは「この商品は完璧ですよ。絶対に後悔しません」と言い、もうひとりは「正直なことを言いますと、この商品には1つだけ欠点があって、頻繁に充電しなくちゃいけないんです」と言ったとしよう。

あなたはどちらの販売員から買いたいだろうか？

合理性にもとづいて考えれば、購買行動は最大の満足を追求するはずだから、同じ価格なら完璧な商品のほうを買うだろう。だが多くの人は、欠点も正直に話してくれる人から買うのではないだろうか。

心理学には「過補償《かほしょう》」という概念がある。ある分野の欠点をカバーしようと過度に補い、必要以上に矯正してしまう状態を指す。**過補償は「何かを隠したい」心理の指標になる**[1]ので、人々は完璧さを謳《うた》う商品や人を信頼しなかったり、避けたりする傾向にあるという。

これを知ってもなおクライアント／視聴者に、完璧なあなた、完璧な商品、完璧なサービスを見せる必要があると思うだろうか？

インタビューの最中にこう尋ねられたことがある。

「作家として、あなたが読者に与えられる価値は何ですか？」

こんなにも直球の質問は初めてだった。そのとき、私は自分がどんな価値を提供できるのか本当にわからなかった。

しばらく考えたあと、私はこう答えた。

「私の価値は……、たぶん私の弱さじゃないでしょうか。こういう正直な失敗や悩み、恐れ、不安などは、AIには生み出せないものだと思います」

まさかインタビュアーがこの答えに大いに賛同してくれるとは思ってもみなかった。

「100パーセント同意します。あなたの本が多くの読者に届いているのは、あなたが正直だからでしょうね」

彼は笑ってそう言った。

おそらく**私たちは、完璧である必要はないし、すべてを知っている必要もない**。

弱さや欠点を見せられるときに見せ、わからないときにわからないと言うことが、信じるに値する人間だと相手に思わせるのだ。

「私」の代わりに「私たち」を推す

謙虚な人が自己PRする必要に迫られたら、焦点を「私」から「私たち」、あるいは「サービス」に変えてみることをお勧めする。

トッドの例に戻ろう。

彼は自己PRなんてしたくなかったが、一歩引いて考えたところ、上司が彼に望んだのは彼自身のPRではないと気づいた。上司は彼にショールームの知名度アップを求めていたのだ。

SNSコミュニティの運営では、組織よりも個人のほうが視聴者を引きつける力が強い。視聴者はつながりを感じたいと思っているし、実際のところ、組織よりも人と人のほうがつながりを生みやすい。だから上司の戦略は理解できるものだった。

トッドは視点を調整した。

自分は業界の事情に詳しいし、プロとしての経験も十分だ。上司はそんな自分が「ショールームの代表として」ユーチューブに登場するのがふさわしいと考えたのだ。それは自分の能力が認められたということだし、自分はあくまでも車を紹介するのであって、自己PRをする必要はない。

同じように、あなたが個人ブランドを展開しようとしているものの、自分にスポットライトが当たることには抵抗があるなら、**コミュニケーションのポイントを「提供**

するサービス」や「プロの知識」に置こう。そうすればプレッシャーを減らすことができる。

ＰＲはユーチューブのチャンネルを開設したり、セルフメディアを運営したりすることだけとは限らない。たとえば会社のボスに自分の功績を説明したりするような社内向けのＰＲにも、このアプローチを使ってみよう。

ルールのなかで「ストライク」を稼ぐ

野球においては、ピッチャーの投球がストライクかボールかの判定は、ストライクゾーンによって決まる。ゾーンのなかに入っていればストライク、外れればボールとなる。問題はその境界が球審の主観に左右されるということだ。

うまいキャッチャーは「フレーミング」と呼ばれるスキルを身につける。ストライクかボールか際どいゾーンにきた球を、捕球する手やミットの動きで球審にストライクだと思わせる技術だ。

スポーツキャスターの李秉昇《リービンション》はスタットキャスト（高速撮影とレーダー追尾機能を結合させたデータ解析ツール）[2]を分析し、「フレーミングによるストライクは、１球につき

0・125点、失点を防ぐ効果がある。2019年、オースティン・ヘッジス捕手は、フレーミングの技術だけで20点をセーブし「パドレスを救った」ということを明らかにした。[3]

さて、そのことと謙虚な人に何の関係があるのか。

謙虚な人は、よくストライクゾーンの端で悩んでいる。

自己PRをするときにも、「ここまで言ってしまっていいのかな？　嘘をついていることにならないだろうか？」と考えてしまう。

私だって、あらゆる話を盛ったほうがいいとは思わない。

では何が言いたいのかというと、**ゲームのルールの範囲内で積極的にプレーすればいい**ということだ。

あなたも業界のルールを把握したうえで、しっかり戦略を練り、コンフォートゾーンの外に踏み出して試してみよう。

自己PRするときは、「これは嘘ではなくて、フレーミングのスキルだ」と思えばいい。もしそれでも良心の呵責《かしゃく》に苛《さいな》まれる部分があるなら、もちろん夜ぐっすり眠れるほうを優先しよう。

最初の話に戻ると、トッドが自己不信を抑え込んで動画を撮影したところ、かなりの成果があった。

彼の的を射たプレゼンテーションは、一部の客層の好みにぴったりで、動画を見てショールームへ足を運ぶ人もいた。上司はご満悦だったし、トッドが心配していたルックスや話し方への悪い意見もなかった。

「あなただって知ってるでしょう。視聴者は気に入らなかったら、消しちゃえばいいんだもん。それに視聴者の目当ては車であって、あなたじゃないのよ！」

そう私が笑うと、トッドは言った。

「わかったよ。でも頼むから僕のチャンネル名は書かないでね」

大丈夫。良し悪しは二の次で、まずはやってみることだ。

すべての自己ＰＲはそこから始まるのだ。

CHAPTER

13 謙虚な人の戦略的交渉術

薄氷を踏むような場面

窓の外はアメリカ南部の真夏。

ナットは糊《のり》のきいたスーツを着て、涼しく広々とした会議室に座っていた。

だが、もし選択肢があったなら、１００回選択させたとしても、彼は毎回、外で太陽に灼《や》かれるほうを選ぶだろう。

ナットは国際コンサルティング会社で、グローバルソーシングを担当している。

彼の会社はコンサルティング費用が高額なため、通常の規模の案件には呼ばれない。彼らが引き受ける案件は、規模が大きいか、とても複雑な状況にあるものばかりで、今日の案件はその両方だ。

ナットはこの職に就いて1年あまり。チーム最年少のメンバーだ。

この会社は多くの新社会人たちの憧れで、履歴書に社名を書けることは大きな強みになる。日常生活でもそうだ。

彼が社名を口にすると、みんな羨望《せんぼう》の眼差しで彼を見た。

この会社に入ったことで、彼は前途洋々、将来有望な輝ける若者になった。


しかしみんなは知らなかったが、実際の彼はほとんどの時間、ミスをしないことばかり考えていた。

扱う案件が複雑であるがゆえに、どこかでミスをおかしたり、注意が行き届かなかったりして、大惨事につながるのではないかと毎日心配していた。

今日はそうした不安や恐怖が一気に襲ってくるような日だった。

ナットのチームはクライアントの代理人として、取引先とグローバルソーシングの契約を結ぼうとしていた。

だがナットの上司が忌引《きびき》で休みだったために、会社は別の上司を代打に立てた。ひとりで契約に立ち会わなくて済むのは不幸中の幸いだったが、代打の上司はこの案件についてよく知らない。

ナットは自分こそテーブルのこちら側でもっともよく状況を理解している人間であり、代打の上司のサポートをすべきだと頭ではわかっていた。

「まずいぞ。もし質問に答えられなかったり、資料を探し出せなかったりしたらどうしよう？　できないやつだと上司に思われるし、先方にも笑われるんじゃないか。そうしたら今日がこの仕事の最後の日になるかもしれない」

どんどん不安になっていったナットは、自分がこの会社に入れたのは、やっぱり運がよかっただけなのだと思った。

職場において、自分やチームのために交渉する場面は避けられない。

いつ現れるかわからない自己不信に、交渉の席で実力を発揮することを妨《さまた》げられないためには、どうすればいいのだろうか？

「客観的事実」を根拠にする

準備の第1段階は、内面の強化だ。

アメリカの投資家フラン・ハウザーは、交渉のテーブルにつく前に、

「自分はこれまでどれほど難しいケースに取り組み、成功させてきたか?」

「自分はどれだけ懸命な決断をしてきたか?」

「過去に正しい判断を下したときは、どんな方法を使ったか?」

と自分に問いかけることを勧める。[1]

つまり、**「客観的事実にもとづく自信」**をつけるのだ。

謙虚に考えすぎて、「何かに成功したことなんてない」としか思えないときには、『ハーバード あなたを成長させるフィードバックの授業』(東洋経済新報社)著者のシーラ・ヒーンとダグラス・ストーンのアドバイスに従い、同僚やメンターなどと話して、あなたの長所、強みを見つける手助けをしてもらおう。

その際は、たとえば「去年、サプライヤーとの交渉で、あなたはすばらしいアッカーマンメソッド[2]を使ったよね。おかげで私たちは予算内で原材料を購入することに

成功したよ」など、できるだけ客観的かつ具体的な例を挙げてくれるようにお願いしよう。

「最後の切り札」を用意しておく

客観的事実にもとづく自信をつけることのほかに、できるだけ多くの情報を集めることも必要だ。

会社との昇給交渉を例にとると、業界情報や転職情報のサイトなどで、**同じ仕事内容、同じポジションの待遇を把握しておく**のがいちばんだろう[3]（こうしたプラットフォームは通常利用料がかかるが、なかには自分の経験をシェアすることで情報を得られるものもある）。

ヘッドハンターや同じ業界の知人も、よい情報を提供してくれるはずだ。

もし新しい仕事を探しているときに、先方の人事から連絡があったら、「私のキャリアやポジションからすると、給与はどのくらいになりますか？」と先に尋ねてもいい。

この質問を口にするのは（とくにあなたが仕事を必要としているときには）なかなか勇気がいる。

だがこの質問をすると「私は合理的な待遇の仕事を探している」「私には選択肢がある」という2つのメッセージを相手に伝えることができ、交渉の余地を広げられる可能性がある。

同時に、戦いの場を広げて、あらゆる選択肢を視野に入れよう。価格交渉をする場合なら、注文数以外にも、納期や支払い条件、運搬《うんぱん》費用、また納品を急ぐなら相手が人手を割いてくれるかなど、すべてが交渉の材料になり得る。

会社と昇給交渉をするときも同じだ。もし現時点で昇給が難しい場合でも、勤務時間の短縮や研修費用の補助などを尋ねてみることはできる。

BATNA（Best Alternative to a Negotiated Agreement／交渉時の最良の代替案）は、1981年にロジャー・フィッシャーとウィリアム・ユーリーが生み出した用語[4]だが、現在でも交渉に関するあらゆる授業や教材で扱われている。

かみくだいて言えば、「**失敗に備えて奥の手を持っておく**」ということだ。

たとえば、来年の清掃契約について委託先の会社と交渉する場合、あなたにとってのBATNAは、別の業者を探すことかもしれない。

自分にはどこに、どんな選択肢があるかを知っておくことで、自信を持って交渉に臨めるだろう。

「自分の価値」を把握する

最後に、自分の価値をよく把握しておこう。

かつて私はアジアのNPOに、国外からの寄付金の集め方や、外資系企業へのプレゼン方法、どんな角度から切り込めばチャンスが増えるかなどについて、無償で説明するサービスを提供していた。

さらに企業家の友人たちから、どのNPOがより信頼できるかと質問されたときにも、NPOの評価やマッチングの手伝いをしていた。これでお金をもらおうなんて考えたこともなかった。

大型の基金や企業が正式に私を顧問として招いてくれたときに、台湾にはこういう知識や経験を持っている人材がとても少なく、お金を出してサービスを買おうという人がいるのだと、初めて知った。それもかなりの高額だ。

もちろん、それまで無償でNPOや企業を助けてきたことを後悔したわけではない。

でも、**自分の市場価値を知って損はない。**

会社やサービスも同じだ。

ある友人は、社員が50人にも満たない会社に勤めている。

彼らは製品を持たず、特定の市場でサービスだけを提供しているが、競合他社よりもはるかに高い価格をつけている。ところが強い競争力と実績（高度にカスタマイズされた顧客サービスと成功率）があるため、多くの顧客に選ばれているのだ。

「いったん持ち帰ります」という便利な武器

重要な交渉を前にしてプレッシャーに押しつぶされそうなときも、謙虚な人は他人に助けを求めず、自分で解決しようとする傾向にある。

だが実際には、**単独で解決しようとすると、自分の視点や限られたリソースでしか動けない。**

ウォートン・ビジネススクールのアダム・グラント教授は、次のように言っている。

「アドバイスを求めることは、あなたの無能さをさらすのではなく、あなたが他人の視点を尊重していることを示すだけだ。助けを求めることは、あなたの弱点をさらすのではなく、あなたがいままさに強くなろうとしていることを示すだけだ」ナットの話で言えば、代役で来る上司に、会議の前にそのケースについてプレゼンし、戦略を話し合うこともできたし、似たような経験を持つ同僚に話を聞くこともできた。あるいは代役の上司と事前に模擬交渉を行ってもよかっただろう。

もし、交渉の場ですぐには解決できないことがあれば、「これについてはよくわからないので／権限がないので／ほかの部署とも話し合う必要があるので、いったんお預かりして2日以内にお返事をするのでもいいですか？」などと言って、**誰かの助けを借りる余裕をつくればいい。**

そのせいでダサい、優柔不断、できないやつなどと思われる心配はいらない。

もしあなたが若手社員なら大きな権限を期待する人はいないし、あなたが中間管理職でも、上司の判断を仰いだり関係部署と協議したりするのは普通のことだ。

私はＣＥＯレベルの人たちまでもがこの方法を使う場面を何度も見てきた。

彼らが、「持ち帰ってチームと話し合う必要があります」とか、「これには取締役会の同意が必要です」などと言っても、相手は何も言わないか、せいぜい「ええ？　あなたはＣＥＯですよね？」などと皮肉を言うくらいだ。

だが、この方法で時間稼ぎに成功する確率は、いまのところ100パーセントだ！

謙虚な人は「イヤなやつ税」がかからない

交渉に臨むときには気迫が必要だと思っている人は多い。

プロレスラーさながら、腰にチャンピオンベルトを巻き、ドライアイスや炎、激しいロックとともに登場し、「俺は勝つためにここに来たんだ！」と息巻くイメージだ。

しかしほとんどの交渉は、取っ組み合いやパワーボム、DDTのような決め技で決着をつけるものではなく、無数の試行錯誤、議論、妥協、一進一退を繰り返す動的なプロセスだ。

実際のところ、もしあなたが交渉の席で相手の気持ちも考えず強引に話を進めれば、先方からさらに厳しい条件を提示されるかもしれない。

交渉術のコーチを務めるアン・フロストは、これを「**イヤなやつ税**」（イヤな振る舞いをすると必ず報いを受けること）と呼ぶ。[6]

ところが、謙虚な人は交渉の席で物腰が柔らかく穏やかだ。イヤなやつ税を払わされなくて済むという点では、これは悪いことではない。

物腰の柔らかい人は、よいネゴシエーターになり得る。

クリス・ヴォスとタール・ラズは共著『逆転交渉術』（早川書房）のなかで、交渉においてもっとも重要なスキルは、効果的なコミュニケーション、とくにアクティブリスニング（積極的傾聴）だと指摘する。

先方の懸念《けねん》や言外のニーズを察知し、共感を示すことで、先方の信頼を得て目的を達成することができるというのだ。[7]

お気づきだろうか？

あなたは攻撃的になったり強さを誇示したりするのではなく、**先方から好かれ、信頼してもらうべき**なのだ。

アメリカの経営コンサルタント、ボブ・バーグが言うとおり、「人は自分が知っている人、好きな人、信じられる人とビジネスをする」。[8]

交渉だって同じことだ。

なお、交渉術の詳細については、参考になる書籍が数多く出版されている。本書で触れたもの以外では『ウォートン流 人生のすべてにおいてもっとトクをする新しい交渉術』（集英社）がお薦めだ。[9]

謙虚だからこそ「慎重」になれる

誰もが自己不信なんて手放したいと思っているが、交渉の席では、この「利点」を生かすことができる。

自己不信があるとどういう行動になるか、考えてみよう。

1．交渉前に「入念な準備」をする

「交渉が成功するかどうかは、じつは交渉前に決まっている」とよく言われるが、この言葉は準備の重要性をうまく言い表している。[10]

双方の立場と利益を把握し、目標を確認し、代替案を考え、合意できそうな条件を想定する。謙虚な人なら、自然にしてしまうことばかりだ。

あとは勇気を出してテーブルにつくだけだ。

2．「些細な声」も聞き逃さない

謙虚な人は何に対しても気を配り、恐れを抱き、注意深いので、先方が発するどん

なシグナルも見逃さないし、言葉にされないことまで読み取る。
また、全員の満足を考えるので、強引になりすぎて逆効果を生むこともない。

3.「相手の考え」を深く聞く

謙虚な人は「下手をすると失敗するかもしれない」という気持ちが強いので、話し合いの過程では、オープンマインドで柔軟になり、相手の話をじっくりと聞いて、双方が満足できるようにさまざまな手段を試そうとする。

もしかすると相手も同じタイプで、お互いに「どうすればうまくいくだろう?」と慎重になっているかもしれない。

交渉術は練習で磨けるものだし、すべての交渉が経験を積むチャンスだ。
台湾ではあまり「ナイス・トライ!」「グッド・スタート!」という考え方はしない。

失敗は失敗であって、よいトライだったかどうかなんて知らないし、みんなが求めるのはよい結果で、よいスタートだったかどうかには興味がない。
だがアメリカでは、こうしたポジティブな言葉があちこちで使われる。

あらゆる失敗が、**まるで挑戦のちょっとしたつまずきや、よいことの始まりであるかのように扱われる**のだ。

もし交渉があなたの期待していた結果にはならなくても、よいトライだったと自分に言い聞かせ、ほかのアプローチを考えて再度挑戦しよう。

失敗しても世界が終わるわけではない。本当だ。

CHAPTER

14 人間関係は「境界線」でうまくいく

潜入捜査官のような「2つの人格」

最近、『ヘルドッグス』という映画を観た。暴力団に潜入捜査に入る警察官の物語で、とても面白かった。

けれど敏感な性質の私は、劇中の登場人物と一緒になってプレッシャーを感じ、最初から最後まで眉をぎゅっと寄せたままだった。

「ひとりで2つの人格を演じ続けなきゃいけないなんて、苦しすぎる。いつになったら退職できるの！」

半分まで観たとき、思わず画面のなかの岡田准一に向かって叫んでしまった。

「あああああ！　組長の女に手を出すなんてダメよ！　これ以上ややこしくしてどうするの⁉」

私はずっと、彼らが一刻も早く任務を完了して、アイデンティティが一致した正常な生活に戻れることを願っていた。

『ミッション：インポッシブル』のように、短時間の変装を繰り返すのとは違って、潜入捜査官は長期間2つの人格を生きることを強いられる。『インファナル・アフェア』で潜入捜査官を演じたトニー・レオンは、こう言っていた。

「潜入捜査官は楽観的で、ポジティブで、明日に希望を持てる人でなければ生き残れない」[1]

強い精神力がなければ、2つのアイデンティティから生じる緊張や葛藤を受け止めることはできないのだ。

謙虚で自己評価が低い人も、潜入捜査官と同じではないだろうか。

あなたは自信と自己不信の2つの声が波のように押し寄せてくるなかで、周囲に見透かされないように、なんとかバランスをとろうともがいている。

違うのは、潜入捜査官のようには人格を切り替えられないし、そもそも**2つの人格のあいだに明確な境界線もない**という点だ。

自己不信の思いにとらわれ続けていると、まるでそれが自分の性格の一部であるかのようになって、違和感すら覚えなくなってくる。

だが、そうした性格がもたらす振る舞いは、まわりに対して、あなたが仮面をかぶっている、あるいはいつも何かを警戒しているかのように感じさせ、人間関係に影響を及ぼしてしまう。

「頼みごと」で距離を縮める

新しい環境に入るときは、自己不信がもっとも現れやすい状況の1つであり、もっともサポートが必要とされる時期でもある。

アメリカの元ファーストレディ、ミシェル・オバマは、白人男性が大部分を占めるプリンストン大学に入学したころ、自分はここにふさわしくないと思っていたと振り返る。

そこで、彼女は同じようなバックグラウンドや価値観を持つ友人、同級生、指導者を探し、自らサポートネットワークをつくった。[2]

けれど、これだけは言っておかなければならない。誰もが彼女と同じような戦い方ができるわけではない。少なくとも、私にはできない。

私は内向的で、友人をつくるのも簡単ではない。たいてい「人の邪魔はしないでおこう」と思ってしまうし、子どものころから生真面目に見える顔つきをしていて、近寄りがたいオーラを発しているらしく、自動的に人と距離ができてしまう。

おまけに心にひそむ自己不信のせいで、どんなほめ言葉も反射的に拒絶してしまうし、誰かに質問をしたりサポートを頼んだりするのも気が引ける。もしかすると、そのおかげで私は傲慢《ごうまん》な一匹狼だと思われているかもしれない（恥）。

私は以前、ある家族経営の会社で仕事をしていた。

上司は社長の娘で、みんな私を家族の一員のように扱ってくれた。

あるとき上司が私を端に引っ張って行って、「あなたは謙虚すぎる。それではダメよ」と真剣な顔で言った。

彼女に注意されて初めて、私の「人の手をわずらわせない」「自分の手柄にせず人に花を持たせる」という振る舞いが、ほかの人の目には「人を信じない」「嘘っぽい」と映っていたことに気づいた。

もっとがんばらなければ評価されないと思い、ひたすら前に向かって努力していたことが、私を出しゃばりだと思わせ、チームのバランスを崩し、脅威を感じさせてしまったのかもしれない。

この一件で私が学んだことは「**心を開こう。人に借りをつくることを恐れるな**」だ。

何かあれば勇気を出して質問し、考えがあれば機会を見つけて口に出す。

そしてどこかへ出かけたときにはお土産を買ってきて、「週末に花蓮《かれん》へ行ったから、お菓子を買ってきたよ。何味がいい？」と一つひとつ配り歩くのだ。

こんな行動は私の基本設定にはインストールされていないけれど、給湯室に箱ごと置いて「花蓮のお菓子をどうぞ！　ジルより」とメモを貼っておくよりもはるかに効果がある。

「へえ！　花蓮に行ったんだね。どこをまわった？」

そんなちょっとした会話が、ぐっと距離を縮めてくれるのだ。

そうして私は普段あまり接点のない人とも言葉を交わし、協力体制の基盤をつくることができた。仕事で何かあれば、みんな喜んで手を貸してくれるようになった。

若いころから要職に就き、医学界、政界とも良好な関係を築いてきた先輩が、私に言った。

「人と人の関係は、お互いさまなんだよ。**誰かの手を借りて問題を解決することで、親しみや信頼が増すんだ**」

それを聞いて私は、はっとした。

私の「申し訳ない、借りをつくりたくない」という気持ちが、人と親密な関係を築くチャンスを奪ってしまっていたのだ。

その後、私は「今日の午後、15分くらい時間とれる？　半日ずっとエクセルと格闘してるんだけど、どうしても数式がエラーになっちゃうの。このクライアントはいつも1行ずつチェックするから、ちょっと見てもらえない？」というふうに人を頼るようにした。

そして、クライアントのチェックをパスできたら、「先方がＯＫだって。ありがとう、すごく助かった！」と感謝を伝える。

こうすればエクセルの強い味方ができるし、ほかの分野でも同じようにして味方をつくることができるとわかった。

「境界線」を引いて、主導権を握る

自己不信の厄介な点の1つは、自分が何者であるかを忘れさせることだ。嫌われたり拒絶されたりするのが怖いので、妥協し、卑屈になり、ゴマをすり、何でも相手に譲り、人の希望に合わせようと無理をし、あらゆる人の期待に応えようとする。

自分は能力不足でたいした貢献もできないと思っているので、とくに相手が上のポジション（上司やクライアント）の人だと、**自分を弱い立場に置き、際限なく尽くして、最後には疲れ果ててしまう**のだ。

たとえば、よく上司が夜にＬＩＮＥを送ってきて、次の日の朝に、「昨日、既読になってたのに、なんですぐに返信しないの？」と訊いてきたら、誰だってうんざりするだろう。

でも相手は上司だ。どうする？

多くの国でのマネジメント経験を持つキャリアコーチ張敏敏《チャンミンミン》は、「境界線」を引くことを勧める。[3]

この場合なら、上司に「退勤後の連絡には、すぐに応えられるとは限りません。でも寝る前には必ずチェックするようにします。それで次の日に対応して、午前中にはご報告します。いかがでしょうか?」と話してみよう。

こうでもしなければ、毎度LINEを読んですぐに返信する羽目になるし、こういう働き方でも大丈夫なのだと勘違いして、上司はあなたに常時待機を期待するようになるだろう。

話がそれてしまいがちな相手に対しても、この境界線の考え方を生かせる。

議論の最中に、先輩風を吹かせたがったり、過去の功績を自慢したり、自分が輝いていた時代について延々と話し続けようとしたりする人がいる。

そんな相手には、あなたの時間と精神を守るために、境界線をうまく使おう。相手の話に同意したら、**そこで境界線を引き、質問で話題を切り替える**のだ。

そうすれば話を断ち切れるだけでなく、話題を自分のベクトルに転換することができる。

たとえば、「たしかにむかしといまでは、まったく違いますね。では、先ほどお話ししたチャネルマーケティング・プログラムをサポートするのに、どのようなリソースがあると思いますか?」というように。

職場では、さまざまな人間関係に心が疲れてしまうことも多いだろう。境界線を引いて自分を守ることが、長期的にうまくやっていくコツだ。

「感覚」と「事実」を分けて考える

衝突の場面でも、境界線を引くアプローチが有効になる。

誰かと衝突したとき、謙虚な人は「全部自分のせいだ」と思ってしまいがちだ。しかし、そのような考え方は、衝突に対する健全なアプローチとは言えない。

通常、衝突が起きると、人の反応には沈黙、暴力、逃避など一定のパターンが見られる。[4]事前にそれを知っておけば、準備もしやすいだろう。たとえば、相手が無言になることを予期していれば、突然静まり返った空気にストレスを感じることもない。

また、衝突したときには、(精神的にも身体的にも)安全に対話できる空間を確保することが何より重要だ。

そして双方が同じ目標（すべては会社の利益のためである、など）を共有していることを確認し、共感を示しながら相手の話に耳を傾け、本当の考えを聞き出そう。

ケリー・パターソンら4人の著者が記した『クルーシャル・カンバセーション』（パンローリング）は、人と人のすれ違いは、解釈の違いから生じると指摘する。**解釈の違いによって、衝突に対してもまったく異なる対処戦略と結果が発生する。**

著者たちは、思い込みをせずに、なぜ自分がそのように解釈したのかを考え、ほかの人の視点を取り入れて、より客観的で共感しやすい方法で状況を解釈することが、衝突の解決に効果的だとしている。[5]

たとえば、生産部門はある商品を大量に生産したいと考えているが、営業部は在庫リスクを負いたくないと考えている。

このとき営業部のマネージャーが、「生産部門は私をばかにしている」と解釈するか、「生産部門は、ロットを大きくすることでサプライヤーから安く材料を仕入れてコストを下げようとしている」と理解するかで、反応がまったく違ってくる。

あなたが生産部門なら、どうして大量生産したいのかをしっかり説明し、あなたが営業部なら、なぜ一度にそんな量が必要なのかを尋ねれば、解釈の違いから誤解を生まずに済むはずだ。

また、衝突の場面で思考停止に陥《おちい》りそうになったら、まず「感覚」と「事実」を分けてみよう。

「彼は私を殺しそうな勢いで激怒している」というのは感覚、「自分はミスをした。部下のミスは彼（上司）の業績にもかかわる」というのは事実だ。

そうして、むやみに自己否定に陥らず、問題を解決するために必要なことを事実ベースで考えよう。

有名なカリスマコーチ、アンソニー・ロビンズは、「**人間関係の質が、あなたの人生の質を決める**」と述べている。

もしあなたが毎朝目を覚ますたび、複雑な人間関係やぎすぎすした雰囲気のオフィスを思い出して憂鬱《ゆううつ》になるなら、どんなに高い志や才能を持っていたとしても、それを存分に発揮するのは無理だろう。

できるだけ多くの味方を見つけ、足を引っ張る人には近づかないようにしよう。

職場における精神的疲労を軽減すれば、人生全体の質が上がるはずだ。

CHAPTER

15 「一目置かれる人」の仕事術

部下の立場から上司をあやつる

ティムは私のアシスタントだ。

ＩＱテストをしたわけではないけれど、正直なところ、彼は私が知っている人のなかでトップ３に入るほど聡明だ。

名門校の出身で、アメリカ人なのに流暢《りゅうちょう》な中国語を話し、読むことまでできる。

学習能力が非常に高く、頭の回転も速い。

普通の人が慣れるまでに1～2週間かかるデータベースを、彼はわずか3日で使いこなせるようになった。

そして、にやりと笑い、「システムの限界をテストしていたら、面白いものを見つけましたよ。見てみます？」なんてことまで言っていた。

だが私がもっとも感心しているのは、彼が私をコントロールするやり方だ。

そう、読み間違いではない。**彼は私のアシスタントだが、90パーセントの時間、私のほうが彼の言うことに従って動いている。**

でも少しも嫌な気持ちにならないし、むしろ感謝しかない。

彼は毎週2回、現在の仕事の状況を報告してくれる。

それから仕事がスムーズに進むように、私は何をするべきか、あるいは彼に何を教えるべきかを伝えてくれる。

彼は自分に処理できることなら、決して私の手をわずらわせない。

何かを私に決めてほしいときでも、「どうします？」ではなく、「3つのプランを考えました。どれがいいと思いますか？」と訊いてくれる。会議のあとには、いつも彼が整理したＴｏＤｏリストが用意されている。

私はよく思う。

彼みたいなアシスタントがいれば、誰だっていい上司になれる！

中間管理職の私も、そんなふうになれるようにずっと努力してきた。

だがそのたびに、目立たないでいるようにとそのかす声が聞こえてくるのだ。

「黙っていればいいよ。上司は気づかないよ！」「かたちだけの定例会議なんだから、わざわざ自分から声をあげなくていいよ」と。

「先制攻撃」をする側が、ほとんどのことを決められる

以前、ある上司に「先制攻撃をする側が、ほとんどのことを決められる」と教わった。

友人たちと食事会の店を決める場面を例に考えてみよう。

そういうとき、たいていの人は「何でもいいよ！」「みんなに合わせるよ」などと言うだろう。

そのなかで、もし誰かが「じゃあ居酒屋にしよう。交通の便がよくて、おいしい店

を知ってるよ」と何か具体的な提案をしたら、それがよほど非常識なものでないかぎり、十中八九反対されることはない。

友人との付き合いと上司との付き合いは違うと思うかもしれない。でもじつはこれこそが、「マネージング・アップ」（部下から上司への働きかけ）のもっとも重要なポイントの1つだと気づいた。

いつも上司から何か言われるのを待っているだけなら、あなたは呼びかけに応じる受け身の側になってしまう。

だが、自分から積極的に働きかけ、**相手を受け身の側にしてしまえば、自分のやり方、自分のテンポでものごとを進められる。**

謙虚な人なら、自分から声をかけるのは上司の邪魔をするようで、二の足を踏んでしまうかもしれない。「なんでわざわざ火に飛び込んでいくの？」「何を話したらいいかもわからないのに！」などと思うかもしれない。

もちろん、ある程度の練習は必要だ。

まず「習慣をつくる」こと、そして「相手の目標と期待を把握する」ことにポイントを置いてみよう。

「決めた日時」に声をかける

習慣をつくることは、ペース管理につながる。

たとえば週2回30分、もしくは1日1回10分などというふうに、こちらから上司に声をかける時間を決める。

ペースができたら、上司に突然呼び出される回数も減るはずだ。

声をかける頻度は、仕事の性質や業界の特性、上司の仕事のスタイルなどによって変わってくる。

私は一時期、社長の特別補佐をしていたことがあった。

あのころの私は、出社するとまず社長に水を出し、1日のスケジュールを確認するのが日課だった。加えて、昼と退社前にも社長室を訪ねていた。

ずいぶん頻度が高いように思えるかもしれないが、代わりに、それ以外の時間に社長が私を呼ぶことはめったになかった。なぜなら私がいつ社長を訪ねるか、むこうもわかっていたからだ。

相手の「目標」と「期待」を把握する

次にするべきことは、上司の目標と期待を知ることだ。あなたが上司からつねに監視され、強いプレッシャーを感じるときは、上司はさらに強いプレッシャーにさらされていると考えよう。

より多くのことを管理しなければならない上司は、責任だって重い。

あれはやったか、あの話はどうなった、と一日中質問していたい人なんていない。上司がそういう質問をするのは、**上司もまた、自分の上司の期待に応えるか、自分の目標を達成しなければならない**からだ。

上司の目標を知ったら、それを起点にして、「上司は何を心配しているのか」「何を必要としているのか」「どうやってサポートしたらいいか」を考えてみよう。

自分から「ルール」を提案する

上司や仕事相手にはそれぞれ、自分好みの、または習慣になっている仕事のやり方がある。それがあなたの好みや習慣と同じとは限らないので、相手のルールを念頭におきつつも、自分のためのゆとりやスペースを確保できるようにしよう。

私の仕事相手は世界のさまざまなタイムゾーンに散らばっているので、一緒に仕事をするとなると、誰かが犠牲になることは避けられない。**謙虚な人はつい、「私がみんなに合わせればいい」と考えがち**だ。

1回や2回なら、それでもいいだろう。怖いのは、それが慣例化してしまうことだ。そういうときこそ、上司とルールについて話し合おう。

アメリカ、インド、台湾の共同プロジェクトの場合、オンライン会議はいつも夜の11時か11時半スタートになる。

私は上司に、これは私にとっては少し遅い時間なので、会議には参加するけれど画面はオフにし、会議後すぐに議事録をまとめることもできないと伝えて、了承を得た。

私は自分のために、パジャマで会議に参加する権利、ならびに議事録の整理を翌日に持ち越すゆとりを勝ち取ったのだ。

私たちにとって第4四半期は、年間売上高の50パーセントを占める繁忙期だ。

あらゆるチームが残業に次ぐ残業をし、12月31日の深夜まで働きづめになるというシンデレラ級の忙しさだ。

仕事量は通常の2倍だし、何があろうと死守せねばならないデッドラインがあるので、感謝祭やクリスマスなどアメリカの重要な祝日であっても、ほかの人に迷惑はかけられないと、誰もが休暇の申請をひかえるほどだ。

あるとき、チームのメンバーが「**第4四半期は忙しくなるので、第3四半期に多めに休暇をとってもいいですか？**」と、マネージャーに相談に来た。

マネージャーはマンパワーが足りるかを考え、わずか1分で、1週間の有給休暇を与えることにした。なぜならこの要求は、とても妥当なものだったからだ。

あとになってこの件を把握した会社側も、年末の繁忙期を乗り越えた社員全員が、1月に1週間の有給休暇をとれるようにした。

マネージング・アップやルールを上手に使いこなせば、自分だけでなく、ほかの人まで助けることになるのだ。

「過度な誇示」と「過度な謙虚」のあいだ

謙虚な人は、誰かにほめられると、気まずさと気恥ずかしさが入り混じったような気持ちになる。

そもそも手柄を立てたり、何かを勝ち取ったりしたいと思っていたわけではないし、賞賛をもらっても反射的に拒絶したくなってしまう。

上司に「この件はジルの功績だ！　ほら、みんなでジルに拍手を！」なんて言われたら、気恥ずかしさのあまり地中深くにもぐってしまいたくなる。

ほめられると頭で考えるより先に口が動いて、「とんでもない、私じゃないですよ」とか、「いえいえいえ」なんて言葉が続けざまに飛び出す。

器が小さい、素直じゃないと思われるだけならまだいいけれど、本音を言えば、その功績や褒賞《ほうしょう》がほしいときもある。

考えてみてほしい。ほめられるのがどんなに気恥ずかしくても、私だって昇給やボーナス、昇進は大歓迎だ！

どうすれば目立つことなく手柄を立てられるかという点では、私のアメリカ人エージェントが大いに参考になる。

彼の仕事は私のプロモーションであり、対談や講演、テレビ出演などのスケジューリングをすることだ。彼がクライアントと話しているところを見ると、「**相手にさり**

気なく自分はすばらしいと思わせる」お手本のようなのだ！

彼はたとえば、こんなふうに言う。

「ジルの本には、内向型と外向型が一緒に起業した最高のケースとして、スティーブ・ジョブズとウォズニアックのことが書かれているんです。なんと彼女は、私よりも私の隣人をよく理解しているんですよ」

おわかりだろうか。

この短い言葉のなかで、彼は私の本のコンセプトを紹介すると同時に、「自分はジョブズの近隣の人間だ」ということまで暗に示しているのだ。

クライアントとしての私の成功について話すときには、「彼女の本は『ニューヨーク・タイムズ』のベストセラーになっているんですよ。チームにはたくさんのメンバーがいるので、必ずしも私の手柄とは言えないですが、私が任された部分に関しては、しっかり彼女のサポートができていると思います」と言う。

こうして事実にもとづきながら、**鼻にかけることも卑屈になることもなく、自分をアピールしている**のだ。

こういう方法は、「私が彼女をベストセラー作家にしました」（過度な誇示）とか、「私はただのチームの一員にすぎません」（過度な謙虚）と言うよりも効果的だし、説得力がある。そして人にも好かれるだろう。

もし自分の手柄をアピールするのが気恥ずかしいなら、彼と同じように、自分を客観的な立場に置いてから、チーム全体の話に持っていけばいい。

たとえば、「今回のプロジェクトの成功は、チームの協力体制が基盤になっています。プロジェクトの責任者は私ですが（客観的事実）、ジェシカやパトリックの強力なサポートがあったからこそ（チームの話）やりとげることができました」というふうに言ってみよう。

ハーバード・ビジネススクールのリンダ・ヒル教授は、次のように述べている。

「上司との関係を責任を持って管理することは、仕事の満足度を高め、キャリアの発展をもたらし、ひいては成功につながる」

私たちが上司から隠れようとしている一方で、どう上司を管理するべきか、マネージング・アップを模索している人たちもいる。

上司をうまくマネジメントして上りエレベーターに乗った仲間を、私は何人も見てきた。あなたも一緒にがんばってみよう！

CHAPTER

16「謙虚なリーダー」に人はついてくる

一夜にして白髪になりそうだったできごと

あるとき、リーダーシップ開発コンサルタントをしている人と話をした。

彼は、「リーダーが直面する課題について受講者に選ばせると、『自分にはリーダーの資格がない』という悩みが、いつもトップ3に入っているんだ」と言っていた。

これは私の個人的な経験とも一致している。部下に比べて、上司のほうがニセモノ思考になりやすいように感じる。

私が人生で最初にして唯一の、一夜にして白髪になりそうなほどの恐ろしい経験をしたのは、初めてインターナショナルチームを率いるようになったばかりのころだ。幼少期からずっと自己不信の思いを抱えていた私は、「私にはできない、終わった」という心の声にはもう慣れっこになっていた。

でも文字どおり心の底から、「**今度こそ本当におしまいだ**」という震えるほどの恐怖を覚えたのは、あれが初めてだった。

あのとき私は、会社の顧客の約30パーセントを管理するマネージャー職に就くかどうか、48時間以内に決めるように言われていた。

アメリカ人以外の人間にこのチャンスが与えられるのは初めてだったので、どんなことになるのか、私にはまったく想像がつかなかった。

自分にできるかわからなかったし、各国の時差にどう対応すればいいかも、自分の給与をどう交渉すればいいかも、そしてそれを誰に相談すればいいかもわからなかった。

それなのに、私にはたったの48時間しか猶予がなかったのだ。

結局私は、思い切ってその話を受けることにした。

出世やキャリアアップを考えたり、壮大な目標を抱いたりしていたわけではない。

「こんなにも急に人手が必要になるんだから、私が引き受けなかったら向こうはきっと困るに違いない」と考えたのだ。

時が経って振り返れば、私は少しも自分のことを考えていなかったと気づく。

まったく、あのときの私はどうかしていた！


手早く引き継ぎを済ませると、私はさっそく最前線に立たされた。

誇張ではない。

実際のところ、最初の半年間は、どうやって毎日を生き延びればいいのか、見当もつかなかった。何しろ私にとっては、１通１通のメールがすべて新規プロジェクトのようなものだったのだ。

いつも必死になって手がかりを探し、どうにか体裁を整えて返信をした。とにかく先方には何でも知っていると「見える」ように。

当時、メールの数は１日１００通に満たないくらいだったが、私にしてみれば、船頭のいないまま大海に放り出されたような気分だった。どんなにがんばって泳いでも、なかなか対岸に着かないのだ。

アシスタントもいたけれど、彼だって私より2週間早くそのポストに就いただけだった。

私たちはよくパソコンの画面を見つめて、一緒にため息をついていた。

あのころ、私は白髪が一気に増え、夜中に何度も覚醒し、パソコンを開くのが怖くなるほど、極度の恐怖と不安のなかで日々を過ごしていた。

だが私はマネージャーなので、そんな気持ちは表に出せない。

私はいつも明るい口調で「OK、じゃあどういうことなのか調べてみましょう！」とアシスタントやチームに言っていた。

でも本当は、あまりの無力感に泣き出しそうだった。

他人を信じられず「パンク」してしまう

世の職場でも似たような話をよく耳にする。

上司たちは、一方でニセモノ思考に悩みながらも、強いふりをしてチームを指導しているのだ。

一見すると、それは個人的なレベルの問題のように思えるかもしれない。たしかに上司のメンタルが健康なときには、問題は生じないだろう。だが上司が自己不信にとらわれてしまうと、チームに大きな損害を与えることになる。

自分への要求が高く、自己不信に陥っている人は、他人も信用しない傾向にある。[1]もしこれが上司なら、部下を厳しい監視下に置き、マイクロマネジメントですべてをコントロールしようとするだろう。あらゆる事情、あらゆるディテール、あらゆる進度を逐一把握し、自分の考えたとおりに進めようとするのだ。

マイクロマネジメントは、上司自身の時間と精神を消耗させるだけでなく、チームのパフォーマンスにも悪影響を及ぼす。

チームのメンバーがみんな上司の言うとおりに行動しなくてはならないとしたら、人手はあっても頭脳は1つだけ、という状態になってしまう。

誰もが、「どうせ上司は私の提案なんて聞いてくれない。言われたとおりにやればいいや」と考えるようになり、チームの向上心や士気も下がるだろう。

自分を疑うことで「現実」を直視できる

まず、みんな同じだということを知ってほしい。

私がみんなと言っているのは、普通の上司やボスのことではない。

たとえば、ヴァージン・グループの会長リチャード・ブランソン。

彼はたびたび自己不信に陥ることを認め、とくに新しい領域に参入するときにその傾向が強いと話している。[2]

ほかの人たちにも、それぞれニセモノ思考が現れるタイミングがある。

テスラの共同創業者兼CEOのイーロン・マスクは人前でスピーチするとき、[3]スターバックス元会長兼CEOのハワード・シュルツはスターバックスを引き継ぎ、拡大したとき、リンクトイン共同創業者のリード・ホフマンはリンクトインを立ち上げたとき、シェリル・サンドバーグは仕事と家庭を両立させようとしたとき……。

彼らはみんな非凡な人物だ。

賢く有能で、洞察力や実行力にもあふれている。ある意味では、彼らがいまの世界を動かしていると言っても過言ではないだろう。

しかしそんな彼らの複雑で精密な頭脳でも、「自分はここで何をしているんだろう？」「私にはできない。きっと失敗する！」と思うことがあるのだ。

彼らですらそんな状態なのだから、私たちが自己不信になろうとたいしたことではない。彼らと私たちの違いはおそらく、**彼らもニセモノ思考を抱えているが、共存する方法を持っている**、という点ではないだろうか。

テクノロジー企業アトラスの創業者兼会長のリック・ハメルが勧める第一歩は、リーダーやボスという自分の役割を受け入れることだ。

若き実業家だった彼は、当初、スーパーバイザーというポジションしか引き受ける勇気がなかったという。

しかし、「いよいよCEOを引き受けると決めたら、自分には会社を創業して経営していく能力があると信じられるようになった」と彼は言う。[4]

リチャード・ブランソンは言う。

「自己不信が忍び寄ってきたときは、『夢は必ずしも一直線に進むものじゃない』って自分に言い聞かせるんだ」

さらに、こんなことも言っている。

「**自己不信は現実を直視し、前へ進む手助けをしてくれる**。必ずしも悪いことばかりじゃないよ」[5]

どんなアプローチを選択しても構わないが、これだけは覚えておいてほしい。自己不信の思いは、満ちては引く潮のようなもので、必ず対処法がある。リチャード・ブランソンのそれは、自転車に乗ったりテニスをしたりすることだという。あなたなりの体制を整えておこう。

自分で決めた方法があれば、心に弱気が満ちてきた（あるいは津波になって襲ってきた）とき、あなたをつなぎとめ、安定させる錨《いかり》になってくれる。

弱さを見せることで「信頼関係」をつくる

上司の管理スタイルは人それぞれだ。強権的な人もいれば、温厚な人もいる。ブレネー・ブラウンは著書『dare to lead リーダーに必要な勇気を磨く』（サンマーク出版）のなかで、タイムリーに弱さを見せることで、チームからの信頼が増すうえ、チームメンバーと有意義なつながりが生まれると述べている。[6]

グーグルやアップルの元幹部キム・スコットは、次のように言う。

上司が自分の間違いを認め、不安や葛藤について打ち明けると、チームのメンバーは自分たちもつねに完璧である必要はないと感じる。上司とチームの関係はより緊密になり、フィードバック体制が効果的に機能し、チームのパフォーマンスも向上するだろう、と。[7]

『フォーブスジャパン』の編集長である藤吉雅春は、これを忠実に実行しているひとりだ。

ある雨の日曜日、東京で会った彼は笑ってこう言った。

「僕には1つ習慣があるんです。**相手に聞かれる前に、自分の弱点を話してしまう**んですよ。そうすればみんな話がしやすくなりますし、もっと盛り上がるでしょう」

たしかに、彼と付き合うなかで、それを実感する場面があった。

初めて連絡をくれたとき、彼は子どものころからジャーナリストになることを夢見ていたが、内向的な性格のせいで、その夢を母から冷やかされていたことを話してくれた。

これを聞いて私は驚いた。

普通、彼のようなポジションにある人が、私みたいな見ず知らずの人間に気軽に打ち明けるような話ではない。それなのに、彼はごく自然に話してくれたのだ。

そういう話が、私たちの距離をぐっと縮めた。

彼が「**自分の弱さを話してくれる人**」だったからこそ、私は無意識のうちに彼を信頼するようになった。

言ってしまえば、上司だってひとりの人間だ。責任が重く権力も大きいとはいえ、スーパーマンではないし、スーパーマンである必要もない。

私のかつての上司は、いつも率直に、「ジル、どれがいいかわからないんだけど、ちょっと見てくれない？」とか、「ジル、あそこに問題が起きたんだけど、どうしたらいいと思う？」と訊いてくれた。

部下である私は、それで嫌な気持ちになったり、イライラしたりしたこともなければ、「あなたは上司でしょう？　なんで私に訊くのよ!?」なんて思ったこともない。

むしろ私は、上司から信頼されていることを実感した。

彼女が私に完璧を求めていないことがわかったし、もし私が同じような問題にぶつかったら、彼女は必ず助けてくれると信じられた。

おかげで当時の私は、職場で仮面をかぶる必要も、ニセモノだと見破られる恐怖を抱く必要もなく、とても楽しく働けていた。

弱さを見せることも、マネジメントの手法の1つなのだ。

人を助けると「自分の価値」が見えてくる

「自己不信に陥ったら、ほかの人の手助けをしなさい！」

これは私の友人であるライアンに、職場の先輩が贈った言葉だ。

当時ライアンは転職したばかりだった。

彼は自分には何ができるのか、どちらへ向かって進めばいいのか、あるいは本当に進むべきなのか、進むとしてどこからどこへ行けばいいのか、ということすらわからなくなっていた。

そんな彼に、先輩は具体的なアドバイスをくれた。

まずは**自分の興味がある領域を探し、サポートから始める**こと。ボランティアでも無償のインターンでも何でもいい。やってみてから、好きかどうか決めればいい、と。

「でも、僕にできるでしょうか？」

自己不信に侵されていたライアンに、先輩は言った。

「ほかの人の手助けをしてみたら、どこに自分の価値があるかわかるよ！」

経験を共有して「メンター」になる

上司になると、困難にぶつかることは少なくない。

会社は、将来あなたが孫とのんびり暮らすために給料を出しているのではない。目の前の問題を解決し、よりよい未来を創造するために雇っているのだ。

もちろんわかってはいるけれど、前線に押し出され、問題にぶつかったり、クライアントやボスに悩まされたりすると、人生の意味を考えてしまう。

いったい何のために仕事を続けているのか、わからなくなるときだってある。

私はちょうどそういう状態のときに、ライアンから、先輩に言われたというこの言葉を聞いた。

私はこの考え方に、本当に救われることになった。

最初はただ気晴らし程度のつもりで、見知らぬ誰かの質問に丁重に答えていた。

同業の分野に参入したいという人がいればアドバイスし、私の経験を話してほしいと企業から声がかかれば出かけていった。

彼らは私と同じく、人生の岐路に立っているか、進むべき道を見つけることすらできていなかった。私も自分のこれからを見通すのは難しいけれど、歩いてきた道を振り返ってシェアすることはできた。

経験をシェアすることによって、私はよくむかしの自分を思い出した。

学校を出たときは最初の仕事を見つけようと必死になり、仕事を始めれば始めたで、早く足場を固めようと焦《あせ》っていた。みんなと同じだ。

結果的に私はさまざまな回り道をしたが、そうした経験のおかげで、相談してきた人たちの力になることができている。

彼らに感謝されることが、私のいちばんのエネルギーになっている。

いまもときどき、入社したばかりの友人や、転機に面している友人に話をすることがある。彼らが私の経験やアドバイスを聞ける一方で、**私も自分の価値をチャージすることができる**。まさにウィンウィンの関係！

「メンターは探してくるものではなく、引きつけられるものだ」と投資家のフラン・ハウザーは言っている。誰があなたに引きつけられてくるか、楽しみに待っていよう！

最初の話に戻ろう。

マネージャー職を引き受けたはいいが、生きるか死ぬかという状況で、いくつかのクライアントには解約され、ご破算になってしまったプロジェクトもある。あげくの果てに、アシスタントまで辞めてしまった。

「私はニセモノだ。会社は私をマネージャーにしたことを後悔するに決まっている！」という考えが裏づけられてしまったかたちだ。

いつ上司に呼び出されるか、不安な気持ちでいっぱいだった。

それでも、毎日やるべきことをやり、自分の役割を果たすしかなかった。

同時に私は、自己不信の思いと共存できるよう、心を整える努力をした。部署やチームのメンバーにも、自分の状況を話し、サポートをお願いした。

半年後、ついに上司からお呼びがかかった。彼は私に尋ねた。

「さらに30パーセントのクライアントを君に任せようと思うんだけど、どうかな？」

今回はなんと答えるべきか、私にはもうわかっていた。

PART

4

「謙虚さ」はあなたを強くする

さらに前に進む作戦

私は学生のころから、自己不信が起こりやすい環境にいた。

クラスで私は唯一の外国人だった。

肌の色、顔立ち、振る舞いは、一目でほかの人たちと違うとわかるし、言葉にアクセントもあれば、異文化で培われた脳のOSも違った。

職場でも私は異質だった。

女性であり、年齢も若く、皮膚やアクセントもみんなとは違う。

私のキャリアはずっと「私はここにいるべきじゃない。誰も私を歓迎していない」というニセモノ思考との闘いだった。

十数年が経ち、あるとき私はスタジオでインタビューを受けた。番組スタッフが私にマイクをつけようとしたけれど、なかなかうまくいかない。

しばらく奮闘したあと、スタッフがとても申し訳なさそうに言った。

「すみません。このマイクは男性のシャツにつけるためのものなんです。女性のシャツは反対向きなので、どうやっても落ちてきてしまうみたいです」

謝り続けるスタッフに、私は笑って冗談を言った。

「大丈夫ですよ。次は私のほうが性別に気をつけますから」

きっと今後も同じような場面に遭遇するだろう。それは間違いない。

でもいまでは私は、「ここは自分の居場所だ」とわかっている。

この章は、私と同じように、自分のここがよくない、ここが足りないと思っているあなたに向けて書いた。

私たちは現状を変えることができる。私にはわかる。あの番組だって、その後女性のシャツにつけやすいマイクを買ったのだから。

CHAPTER

17 その個性を「武器」にする

変わろうとするより、個性を生かす

私が管理するフェイスブックのプライベートグループ「内向型の集い（内向者小聚場）」には、2万人を超えるメンバーがいる。

みんなそこで内向型としての苦労を分かち合っている（そう、内向型のメリットに言及する人はほとんどいない。何とも自虐的な集まりだ）。

最近、心から同意する投稿があった。

投稿した人いわく、彼は会社の同僚と数多くのプロジェクトを担当しているそうだ。同僚のほうがキャリアが長いので、いつも同僚が問題を解決し、彼は言われたとおりにしていればよかった。

ところが、この同僚が辞めることになった。

会社にはほかに、彼らが担当するプロジェクトに詳しい人はいない。

同僚が離職する日が近づくにつれて、彼の不安と恐怖は増していき、今後あらゆる問題を自分で解決するのかと思うと、パニックになりそうだという。

「僕は論理的ではないし、彼のように器用でもないし、自信もないんです……。いっそ辞めてしまおうかと思っています」


この投稿を見た私は、思わず笑ってしまった。

なぜって、私もよくまったく同じことを考えるからだ。

困難に直面↓5万とおりの失敗パターンを考える↓考えれば考えるほど恐ろしくなる↓失敗する前に逃げ出してしまおうかと思う……。

私の業務プロセスはこうやってめちゃくちゃになってしまうのだ！

コメント欄では、たくさんの人が解決方法を挙げていた。

「同僚とＬＩＮＥを交換しておいたほうがいいですよ。少なくとも、何か問題が起こったときに相談できますから」

「これを成長、独り立ちのチャンスととらえて、まずやってみて、それでダメだったら辞めるというのはどうでしょうか」

「内向型は自省が多いし、完璧主義に陥りやすいものです。ハードルを上げすぎないようにしましょう」

やっぱり「同士」がいちばん優しい（泣）！

キャリアコーチのジーナ・ルシアは、内向型は自省しやすい特徴があるので、外向型よりもニセモノ思考になりやすいと指摘する。[1]

外向的な文化が中心の社会では、内向型は小さいころから自分に悪いところがあるのだと思い込んでしまう。

社会全体が自分とは反対の行動を称揚《しょうよう》するので、あなたは当然、**自分のOSには生まれつき設定ミスがあるのだと思ってしまう**だろう。

あなたは小さいときからずっと、「〇〇すべき」「あなたは〇〇すぎる」「このままだと将来、○○になってしまう」という定型文を数え切れないほど浴びてきたはずだ。

こうした「あなたはダメだ」というメッセージは、内向型の人の自信を損なってしまう。

しかし、内向型は個性だ。

先天的な影響もあれば、経験によって少しずつ形成されてきた部分もある。いずれにせよ、私は自分のそんな個性を受け入れることを学び、変える必要なんてないと思うようになった。

内向型にとって参考になるアプローチを、いくつか挙げよう。

「違うこと」こそが印象に残る

私の会社には、仕事とは関係のないおしゃべりをする時間が設けられている。

先週はCEOがみんなに、「いちばん好きな映画は?」という質問をした。

チームのほとんどがアメリカ人という状況で、『チャウ・シンチーの熱血弁護士』を何回もリピートして観てしまうなんて話すのは、ちょっと恥ずかしかった。

みんながひととおり話したあと、私の印象に残ったのは、ある同僚が挙げた『存在のない子供たち』という映画だった。

彼女の説明によれば、これはレバノンの映画で、主人公はスラム街に生まれた少年だという。赤貧《せきひん》の生活をしているにもかかわらず、両親は次々と子どもをもうける。最後に12歳の少年が両親に対して、彼らの罪は「僕を生んだことだ」と告げる。

ほかにどんな映画が挙がったか思い出せないのに、この映画だけははっきりと名前を覚えていた。

なぜか？　**それは、この映画がほかと全然違ったから！**

内向型だって同じだ。

内向型の特徴は、ほかの人からしたら少しおかしいと思えるかもしれない。

でもそれは、私たちが人とは違うからだ。

私たちはパーティーに行くよりはひとりでいるほうが好きで、時間をかけて考え、ディテールやリスクを気にかけ、発言の前には熟考し、注目を浴びたくないと思っている。

そのせいで、引っ込み思案、非社交的、あるいははみ出し者などのレッテルを貼られてしまう。

だから私たちは一生懸命、ほかの人と同じであろうとし、無理やり「正常」な様子を真似しているのだ。

でも私たちは、ほかの人より劣っているわけではない。ただ違うだけだ。

そしてこの違いは、ときに私たちを際立たせてくれる。

人と違うことで、当然ながら、社会的プレッシャーに耐えなければならないときもあるだろう。

まずは、「人と違っても大丈夫」と考える練習から始めて、自分のユニークさを認められるようになろう。

「考えすぎてしまう」からうまくいく

クラウド型IDサービスを提供するオクタのCEO兼共同創業者トッド・マッキノンは、起業前、顧客管理システムで有名なセールスフォース社で副社長を務めていた。仕事は安定していて給与も高かったのに、彼は金融危機が世界を襲うさなかに起業を決意した。彼は言う。

「当時いちばんのハードルは、妻を説得することでした」

そこで彼は、妻に正式なプレゼンテーションをした。

タイトルは「**僕の頭がおかしいわけではない理由**」[2]。

文字で埋め尽くされた13ページにわたる資料は、3分の1があらゆる状況を想定し、それぞれの結果をシミュレーションしたものだった。

そのなかで彼がいちばんに挙げたのは、「失敗」の可能性だった。

その資料を読んだ私は、もし私が彼の妻だったら、きっと起業を応援するだろうと思った。

実際、彼の妻もプレゼンを見て起業に同意している。

あれから20年近くが経ったいま、オクタは時価総額100億ドルを超える上場企業になっている。

失敗を想定する、あるいは初めに失敗について考えるというのは、決して悪いことではない。

これぞまさに**内向型の得意分野である「リスク管理」**だ。

私たちの脳内にある小劇場は、起こり得るあらゆる可能性について、いつもしつこくシミュレーションをしている。「もし○○だったらどうしよう？」「先に××しておけば、成功する可能性が上がるかも！」などと延々と考える。

ときに考えすぎて動けなくなってしまうこともあるが、使いようによっては、これは必ずしも欠点ではない。あなたをいっそう輝かせてくれる武器にもなるのだ。

欠点を直すより「長所」を生かす

アメリカに暮らし、働いていて、いちばん驚いたのは、もっぱら個性や長所に目を向ける文化だ。

彼らはたいていの場合、まるでデフォルトのように、先によい点について話す。

たとえば面接のとき、求職者が50パーセントしか応募要件に当てはまっていなくても、面接官は「すばらしいキャリアをお持ちですね。もう少しあなたのことを教えてください！」と言うのだ。

もし、小さくして眼鏡をかけている子どもを見たら、台湾人なら「テレビかスマホの見すぎじゃない？」などと思うかもしれない。

だがアメリカ人なら、「きみの眼鏡、すてきだね！」なんて言うだろう。

東洋文化のなかで育った私は、自分の長所を伸ばすのではなく、できないところを改善するように促《うなが》されてきた。そのうちに、私は改善すべき点ばかりに目が向くようになり、すでにうまくできている点には目がいかなくなった。

自分が内向型であり、太陽みたいに明るい外向型のようにはなれないと悟ったあと、私は初めて、「じゃあ、私の長所って何だろう?」と真面目に考えるようになった。

内向型は思慮深く、ディテールに気を配り、情報を収集するのが得意で、綿密な計画を立て、長期的な戦略を練ることができる……。

そもそもこれってすべて長所じゃないだろうか。

ポイントは、この長所をどう生かすかだ。

あなたは、「欠点はどうするの? ほかの人に及ばない部分は、そのままほったらかし?」と思うかもしれない。

私の戦略はこうだ。

まず長所を最大限に生かしてから、欠点を改善する。

ただし、これは絶対的な順序ではないし、段階に応じて比重を調整してもいい。

たとえば、新しい職場や新しい仕事に入るとき、まずは長所を発揮することに力を入れるのだ(「長所の最大化に70パーセント、欠点の改善に30パーセント」というふうに)。そうすることで、しっかり足場を固められるだろう。

キャリアの中後期に入る、あるいは仕事に慣れて安定してきたら、欠点の改善に少し多めに力を割くようにしよう（「長所の最大化に40パーセント、欠点の改善に60パーセント」など）。

困難が「強み」を生み出す

長所を生かすメリットは、あなたの最強の武器を使うことで、成功する確率が上がり、自信がつくという点だ。

当然ながら職場では、どんな武器を使っても挫折《ざせつ》感を味わう瞬間があるだろう。

だからこそ、合理的な目標を持ち、挫折に対するレジリエンスを高め、自己肯定感を上げるようにしよう。

台湾のシンガーソングライター安溥《アンプー》は、14歳のときに書いた「最好的時光」（最良の時間）という曲で、42歳のときに金曲賞の年間最優秀楽曲賞を獲得した。

「同級生に無視されて孤立していたとき、ただ文字を書くしかありませんでした。大きくなってからあのころの作品を振り返ってみると、感動を覚えます」

彼女はそんなふうに言う。

人生はいつも美しく光り輝いているわけではない。

もしかすると内向型の人生は、さらに困難が多いかもしれない。

私たちにできることは、**これを自分への祝福ととらえる**ことだ。

ある人は、考えを言葉にするのが苦手だったのでライティングの勉強を始め、いまでは収入のほとんどを執筆で稼ぐようになった。

ある人は、つらい思いをしたことがきっかけで星座の勉強を始め、のちに占星術の先生になった。

またある人は、なかなか恋人をつくることができず、恋愛についてあらゆるアプローチから研究した結果、最後には有料の恋愛講座を開くまでになった。

もしあなたが内向型なら、いまはまだ目立たない宝物をたくさん持っているはずだ。

それをどう使うかは、あなたにしか決められない。

CHAPTER

18 「唯一無二」の存在になる

「自分の問題」に集中する

この文章を書いているいま、映画チャンネルで『8マイル』の再放送をしている。アメリカのラッパーであるエミネムの半自伝的な作品だ。

私はエミネムのファンではないし、ヒップホップにも詳しくないが、彼が登場する前まで、ヒップホップが黒人の天下だったことは間違いない。

たびたび物議を醸《かも》すようなスタイルにもかかわらず、エミネムは著名な音楽雑誌『ローリング・ストーン』の「史上もっとも偉大なミュージシャン100人」に選ばれている。[1]

彼は『Legacy』という曲で、「俺はなんでこんなに変なんだ？　もしや火星人なのか？　それともおかしな科学実験に巻き込まれているのか？　俺はこの世界の人間じゃない！」と、小さいころから感じていたことを歌詞にしている。[2]

大人になってすばらしい成功を手にしてからも、彼は能力不足に悩まされるなど、ニセモノ思考を抱えていることを公表している。[3]

私なんかは、「それはそうでしょう。白人アーティストがヒップホップの世界に踏み込んだら、おまえは家でブライアン・アダムスでも聴いてろ、なんて言われてしまうのでは……」などと思ってしまう。もちろんこれは私の勝手な想像だが、実際、それに近かったのではないだろうか。

あなたがチーム内で唯一の女性、先住民族、身体障害者など、何らかの少数派（マイノリティ）に属していたとしたら、エミネムの感覚がよく理解できるだろう。固定観念や偏見は、仮に明言はされなくとも、確実に存在する現実のものだ。

しかし私は、多扶《ドゥオフー》のCEO許佐夫《シューズオフー》の「障害があるのは環境の側だけだ。障害のある人なんていない」という言葉が好きだ。

マイノリティとして、障壁の存在や、友好的でない態度を感じたとしても、**それは外部の問題であり、あなたの問題ではない。**

あなたにできることは、自分の防弾チョッキをつくり、彼らに立ち向かうことだ。

自分を選んだ「相手」を信じる

私にも、その場になじめない感覚はよく理解できる。

でも理由はどうあれ、あなたはすでにここにいるのだ。

謙虚なあなたはきっと、「いえいえ、それはみんなが優しいから／ちょうど近所に住んでいたから／クオータ制で入ったから」などと言うだろう。

だが私の経験にもとづいて、このことは自信を持って言える。

新人の採用や研修にはコストがかかる。雇用すると決めるまでのプロセスは、いろんな担当者が「この人なら大丈夫だろう」と繰り返し太鼓判を押していくようなものだ。あなたが採用プロセスで会った人の数は、あなたが太鼓判を押された回数と同じだ。

だからあなたは、いまここにいる。

たとえ自分を信じられないとしても、あなたを信じた彼らのことは信じよう。

よく考えてほしい。ここにいるのはあなたであって、一緒に面接を受けたほかの誰かではない。その理由は何だろう？

チームのほかのメンバーではなく、あなたがマネージャーに昇進したのは、なぜだろう？

その答えこそが、あなたの強みだ。あなたは間違いなく、あなたを選んだ人たちにとって最良の選択だったのだ。

「自分が自分であること」を誇りに思う

ほかの人と同じになろうとしなくていい。チームに同じ人はふたりもいらないのだから。

それよりも、自分の強みを生かすことに重点を置こう。

コミュニケーション能力でも、プログラミングのスキルでも、使い走りや雑用でも、議事録作成でも、何でもかまわない。チームにおける自分の価値を見つけて、それを最大限に発揮しよう。

ほかの人と違うと思うところこそが、あなたの独自性なのだ。

私の友人である許朝富《シューチャオフー》は、3歳のときに小児麻痺《しょうにまひ》になって、下半身に筋萎縮《きんいしゅく》の症状が現れた。それ以降、ずっと車椅子生活を送っている。

彼は自然や旅行が好きだ。

子どものころは両親に背負われて海外にも出かけたが、大きくなってからはそういう機会も減っていった。もしエレベーターのないマンションに住んでいれば、車椅子ユーザーは出かけることすら難しい。[4]

しかし彼は、NPOの理事長を20年も務めている。

彼のNPOは、階段昇降機のサービス（家までの階段の上り下り）を提供したり、タクシー会社と協力してユニバーサルタクシーによる送迎やバリアフリー旅行を企画したり、車椅子用のレインコートなどの商品開発をしたりしている。

さらにネットの専門知識を生かして、車椅子ユーザーとその家族に、多くのリソースをオンラインで提供している。

「もし障害者じゃなかったとしても、同じようなことができたと思う？」

あるとき彼に尋ねると、彼は笑って答えた。

「たぶん無理だろうね！　いろいろあるけど、少なくとも障害者であることを誇りには思っているよ。だってこれが僕だから。普通の人になるつもりはないよ」

ほかの人の目には障害と映るものを、彼は自分へのギフトととらえ、さらに他人への祝福にまでしてしまったのだ。

自分を「証明」なんてしなくていい

マイノリティとして、「自分にもほかの人と同じだけの能力がある」と証明したい気持ちはもっともだ。

だがその目標は、多くの場合、「人よりもうまくやらなくてはいけない」という思いに変わってしまう。

テレビやビジネス雑誌では、成功者たちがどのように自分を鍛え、障壁をモチベーションに変え、最後には成功を収めたかが紹介されている（だからこそテレビや雑誌に取り上げられるのだけれど）。

しかし、自分の掲げた高い目標に押しつぶされてしまった人たちは、あなたの目に入らない。

彼らは人々を驚かせ、自分の能力を証明しようと必死になっていたが、最後には心の闇にのみこまれてしまったのだ。

ゴルフというスポーツにおいてはマイノリティだったタイガー・ウッズは、幼少期から父にゴルフマシーンになるよう鍛えられてきた。勝つことだけが、彼の目標だった。父に認められたい一心で、彼は長年にわたって自分に高い基準を課した。

だが、それが薬物依存症、性依存症などのかたちで、心身をむしばむことになる。おかげで彼はしばらく試合にも参加できなかった。[5]

彼はのちに奇跡の復活をとげ、人々の目には不死鳥のように映った。だが彼のケースはあくまでも奇跡だ。**だれもが復活できるわけではない**。

製薬業界に革命を起こそうと野心に燃えていた「女版スティーブ・ジョブズ」ことエリザベス・ホームズは、会社が解散させられただけでなく、禁錮11年超の刑に処されることになった。[6]

不動産業界のルールを打ち壊して世界を変えると公言していたアダム・ニューマン

（コワーキングスペースを提供する会社WeWorkの共同創設者）は、わずか3年のうちに会社の株価が約9ドルから1ドル未満にまで下落し、会社を去らざるを得なくなった。その会社もその後経営破綻した。[7]

伝説の自転車ロードレーサーだったランス・アームストロングは、ドーピングにより自転車競技から永久追放を受けた。

オリンピックや世界選手権で数々のメダルを手にしてきたアメリカの陸上競技選手マリオン・ジョーンズも、ドーピングで引退した。

これらはみな、いまだ復活できていないケースだ。

よい目標は、あなたにモチベーションを与え、高みを目指す原動力になる。

しかし自分の能力を証明し、限界を突破しようとして無理な目標を立ててしまうと、心身に不調をきたし、最悪の場合、まわりが見えなくなって身を滅ぼすことになる。

結局のところ、**他人の評価なんてものは一時的、外在的なものにすぎない**。

世界に向けて何かを証明しようなんて思わず、ひたすら目標に向かって歩み続ければいいのだ。

「マスターマインドグループ」をつくる

アフリカにこんなことわざがある。

「早く行きたければ、ひとりで行け。遠くまで行きたければ、みんなで行け」

多くの企業家が、チームの重要性を説くときにこの言葉を引用する。

これはチーム内のマイノリティにもあてはまるだろう。

ひとりで戦っていると、いつか必ず息切れするときがくる。必要なのはチームの力だ。

世論調査とコンサルティングを行う会社ギャラップが、全米の500万人以上の労働者を調査した結果、職場にひとりでも仲のいい友人がいると、モチベーションや生産性が向上し、充実感を得やすくなることがわかった。[8]

もちろん、職場は友人探しにベストの場所とは言えないし、小さなサークルに閉じこもっているだけでは、進歩は望めない。

だが、助け合える関係があるのとないのとでは大違いだ。

ミシガン大学のジェーン・E・ダットン教授は、質の高い関係というのは、深さや親密さを必要とせず、むしろ互いを尊重し合い、相互的なコミットメントを基盤とすることが、よい協力関係につながると研究で示した。[9]

これについては、エミー賞受賞者のジャーナリスト、ケア・アンダーソンが愛用する「マスターマインドグループ」が参考になる。

マスターマインドグループは、アメリカの作家ナポレオン・ヒルが考案した概念だ。**調和のとれた方法で相互に問題を解決し、アドバイスをし合うふたり以上の同僚や仲間の関係**を指している。[10]手を取り合うことで生まれるパワーを使って、相乗効果を発揮しようというのだ。[11]

主に欧米で流行している概念だが、ネットであなたの近くにあるグループを探すこともできる。

もし近くに同様のグループがない場合は、以下の原則に従って、自分だけのマスターマインドグループをつくることもできる。[12]

1．理想的な組み合わせを探す

違う領域、背景、国籍、文化の人たちからなるグループは、視点が多元的になる。

同じ、あるいは近い業界の人のほうが、直接的な協力関係をつくりやすいだろう。組み合わせは自分で計画してもいいが、同業他社のライバルを同時に招待するのは避けよう。

1～2名は経験豊富な人を入れることをお勧めする。人数制限はないが、一般的には6～8人くらいのグループが多い。いまはオンライン上のグループもある。そういうグループは人数が多くなる代わりに、関係は浅くなる傾向にある。

2．メンバーは慎重に選ぶ

メンバーのスタイル（磁場や周波数と言ってもいいが）は、グループ全体に影響を及ぼす。メンバーは必ずしも知り合いである必要はない。だが、もしグループに知らない人を招待したければ、まず何度か会ってさまざまな場面での振る舞いを観察し、ほかのメンバーとの相性を見極めてから決めよう。

3．基本的なルールを決める

たとえば「互いの昇進をサポートする」というように、グループの目標と価値観を明確に定義しよう。メンバー間での金銭の授受は禁止、欠席何回で退出といったそのほかのルールも、自分たちで話し合って決めよう。

4・運営方法を発展させる

集会所の使用料は先に徴収するか、集まりの頻度はどれくらいか、オンラインも併用するか……。こうしたこともメンバーと話し合って、適切なスタイルを探ろう。

重要なのは、みんなにとって負担にならない、居心地のよい場所をつくることだ。

自分で自分を助ける

ほかの人から力を引き出すだけでなく、グループ内で自分のために主張することも忘れてはいけない。

日本、台湾双方の職場を経験した作家、近藤弥生子《やえこ》によれば、日本ではお茶くみや食事会の予約、顧客への手土産の手配など、特定の作業が女性従業員の仕事だと暗黙の了解になっていることがあるという。

一方、台湾では、案件の責任者に仕事が割り振られるのが普通だ。

この違いは、企業文化と役割への期待に大きく関係している。

私は以前、ひとりのアメリカ人女性と一緒に仕事をした。まだ仕事の経験が浅いにもかかわらず、彼女は自ら境界を設定し、自分にとって公平なルールを確保することがとても上手だった。

あるとき、クライアントとの会議に、CEOが彼女も参加させた。会議終了後、彼女は机に残されたコーヒーやゴミのなかから、自分の分だけを片づけた。

これを見て、私はカルチャーショックを受けた。もしこれが台湾なら、いちばんの下っ端がみんなの分を片づけるのに！

のちに彼女は、私に言った。

「じつは私も迷ったんですよね。簡単にできることだし、ましてや私は下っ端だし、いっそみんなの分まで片づけてしまおうかなと思いましたよ。でももし一度やってしまったら、私は**自分がそれをやるべき人間だと思っている**ということになるでしょう。きっと次からは、みんなそれが当たり前だと思って、お礼も言わなくなりますよ」

東アジアの文化で育った人間は、「自分にできることはできるだけやる」と考える。

おかげで知らぬ間にやるべきことがどんどん増えてしまう私は、この一件に、頭を殴られたような衝撃を受けた。「**自分が自分を助けないで、誰が助けてくれるの！**」ということを、あのときに私は深く学んだ。

近年、欧米のビジネス界は「ＤＥＩ」、つまり「多様性（ダイバーシティ）、公平性（エクイティ）、包摂性（インクルージョン）」を重視するようになってきた。

簡単に言えば、組織が意思決定（とくに採用）をする際に、性別／民族の多様性を考慮するということだ。

政府から企業の各レベルにいたるまで、さまざまな組織がＤＥＩ政策を推進している。その目標はおそらく、いかなる違いがあろうとも誰も自己不信やニセモノ思考に陥らなくなる、という理想的な時空にあるのかもしれない。

とはいえＤＥＩはまだ始まったばかりなので、これから長い道のりが必要だろう。

作家はこんなたとえを使う。

海に２匹の魚がいる。１匹が「やあ、今日の水はどう？」と尋ねると、もう１匹が答える。「水って何？」と。

何も気にしないでいられるというのは、きっと最高の気分だろう。

そんな日が来ることを、私は心から願っている。

おわりに

「美しい風景」を見逃さないように

『ひみつのビクビク』[1]（廣済堂あかつき）という絵本が大好きだ。別の国に移住した女の子が、恐れを克服していくストーリーだ。

絵本では恐れを擬人化《ぎじんか》し、恐れの程度によって大きくなったり小さくなったりする、かわいらしいおばけのような「ビクビク」として描いている。

まったく新しい環境のなかでビクビクはどんどん大きくなり、女の子が出かけたり、友だちをつくったりするのを邪魔するようになった。

女の子が親切な男の子に助けられたことで、ビクビクはやっと小さくなっていった。だから女の子は、ビクビクをつれて見知らぬ街を探検しに行けるようになった。

物語のおしまいでも、ビクビクはまだ影のように女の子にくっついていたけれど、もう彼女を困らせるようなことはなかった。それに彼女は気づいたのだ。誰もが自分のビクビクを持っていることに。

つい控えめになりすぎたり、自分を疑ったりしてしまうニセモノ思考も、ビクビクのようなものかもしれない。

大きくなったり小さくなったりするけれど、完全に消えるとは限らない。

私たちにできるのは、この「ニセニセ」が私たちを困らせないように、私たちが前へ進むのを邪魔しないように、そしてニセニセのせいでキャリアや人生の途上にある美しい風景を見逃してしまわないように、お利口にさせておくことだ。

地図のない旅路

この闘いは、100メートル走のように一気に決着をつけられるものではない。またマラソンのように、給水所や折り返し地点、ゴールがはっきりしているものでもない。

それよりもむしろ、森のなかを歩くのに近い。手探りで前へ進みながら、突然現れる大木や穴、猛獣に対応し、ときには障害物を避けるために後戻りや遠回りをする必要だってある。

心理学者のリサ・オーブ・オースティンとリチャード・オーブ・オースティンは、依存症における「**ラプス**（一時的な後退）」と「**リラプス**（症状の再発）」の概念を使って、長年にわたってニセモノ思考を抱える人に多い認知を説明する。

「ラプス」とは短時間、低レベルのニセモノ思考を指す。たとえば昇進を知らされ、一瞬、自分にはできないかもしれないと不安になるけれど、それでもチャレンジする場合などがこれに該当する。

「リラプス」は、より持続的な障害を指す。新しいポジションに就いたあと、必死にがんばらないと解雇されるかもしれないという恐れから、何か月も残業を続けてしまうような状態をいう。

自己不信から脱しようとするとき、何度か「ラプス」を経験するのは普通のことだ。

目標は「リラプス」よりは「ラプス」を増やし、受ける影響も徐々に小さくしていき、あなたが重要な決定をするときにネガティブな感情に邪魔されないようにすることだ。[2]

そのプロセスにおいては、当然ながら「どうして私はまだ変われないんだろう? もしかして一生このまま?」と落ち込むこともあるだろう。それも、何度も。

その道のりは、ダイエットとは違う。何キロ減量するには何キロカロリーをカットすればいいか計算したり、今回の停滞期はどれくらい続くか、いまは何をするべきときかを、コーチが教えてくれたりするようなものではない。

むしろ自分の現在地や、どうやってこれを続けていったらいいか、わからなくなってしまうことが少なくない。

ベストセラー作家スティーヴン・ガイズは、「ベストの道を追求するな。どの道にも価値がある」と考えるように勧める。[3]

私は**日本語の「奇跡」と「軌跡」が同じ読み方**だと気づき、そこにある禅的な感覚に深い感動を覚えた。

私たちが経験した挫折や敗北感、もがき苦しみながらも結局は思いどおりにならなかったこと、人生のどん底かと思うほどの痛みに直面したこと、あるいは臆病になって立ち止まってしまったこと。それらの軌跡が少しずつ積み重なって、奇跡のようなものになるのかもしれない。

目標に向かって進むのと同時に、自分の道に柔軟性を持たせ、自分自身も柔軟性を持とう。進んだ方向や結果がどうあれ、その一歩を踏み出しただけで祝福に値するのだ。

「べき」を捨てる

あなたの天賦《てんぷ》の才能を生かして、仕事や人生の意義を創造、発掘していこう。

ただし、どこに向かって進むにしても、完璧主義で「こうあるべき」と思いこむのはやめよう。

これは、ある種の枠組みを手放して、視野を広げ、ゲームのなかで新しい地図を広げるようなものだ。

たとえば、あなたは趣味がお菓子づくりで、スイーツ店を持つことが夢だとしよう。

そのとき、やるからにはフルタイムでやるべきだと考えていると、一歩を踏み出せないかもしれない。

でもそんな「べき」は捨てて、まずは親しい友人を相手に、数量限定で注文を受け付けることから始めればいい。

私のある友人は、まさにそうやって、パティシエと獣医師を両立している。しかもケーキの予約は半年先まで埋まっているのだ。

能力が十分でないときは、どうすればいいだろう？

私はかつて、あるプロジェクトに取り組んでいたとき、自己不信の思いがとても大きくなり、あちこちに頭を下げて、仕事を投げ出してしまおうとしたことがあった。

すると、映画監督の盧建彰《カート・ルー》が言った。

「マイナス評価がゼロの人生を歩みたいの？　僕のつくった佛跳牆《ぶっちょうしょう》スープはマイナス評価ゼロだよ。だってつくったことがないからね。

もし君がこのプロジェクトをやりとげたら、それだけで十分すばらしいことだよ。だって君がいなければ、そもそもこのプロジェクトは生まれなかったんだから。どうしたらもっとよくなるかなんて、考えなくていいんだ。能力があるのは幸運なことなんだから、世界にシェアしなくちゃ。そうでないと自分勝手すぎるよ」

私は折につけ、彼のこの言葉を思い出してはかみしめる。彼はあとからこの文章を記事にして、世界にシェアしてくれた。自分勝手とは正反対だ。[4]

よくよく考えてみれば、きっと私はたくさんの「べき」を背負いすぎていたんだろう。だからこそ、完璧でないことはすべて失敗だと思い込んでしまうのだ。

たしかに、純粋に自分ひとりのせいで何かを引き起こしてしまったら、それは私の「失敗」だ。たとえばスマホを見ていて木にぶつかったとか、7時に起きるはずなのに寝坊したとか、違う相手にメールを送ってしまったとか。

でも、**もしほかの人の要素が入ってくるなら、それは確率の問題になる。**

人を映画に誘う、企業の求人に応募する、目標の業績を達成する、記録的なチャンネル登録者数を達成する、などのチャレンジがそうだ。[5]

もちろんうまくできる人もいるが、こういうことの結果は、あなたがすべてコントロールできるわけではない。こうしたことについて、できない自分はダメ人間だ、必ず達成す「べき」だと考えるのは、少し厳しすぎるだろう。

自分がコントロールできることに集中するのだ。

達成したい目標があるなら書き出して、目につきやすい場所に貼り、行動に移そう。

何をすべきかわからなければ、まずは手近なことから始めればいい。

「平凡」はすばらしい

——現実はリアリティショーではない

オンライン・プラットフォーム「マーケティング・チャート」の2019年の研究では、一般的なネットユーザーは1日平均1700もの広告を目にしているとされていた。[6]

それが2022年になると、たとえばアメリカ人では、平均4000~10000にまで増えている。[7]

こうした広告はすべて、「あなたの現状はまだ十分ではない。私が改善してあげよう」というメッセージを繰り返し伝えている。

スキンケア用品、健康食品、衣料品、金融サービス、プロジェクト管理プラットフォーム、何であれ彼らが伝えるメッセージは同じだ——これを買えば、あなたの生活はよりラクに／便利に／効率的に／よく／なる。

毎日のようにこうしたメッセージを何千回も浴びせられたら、**私たちは「十分」と**

いう概念を忘れてしまう。

スティーヴン・ガイズは言う。あなたにとっての「十分」は、あなたにしか決められない。

給料はいくらほしいか、どんな車に乗りたいか、どんな家がほしいか、子どもにどんな教育をしたいかなどは、あなたがあなた自身に問うしかないのだ。

どこまでも「非凡」を追求する文化では、週末も何か意味のあることをしなければ、月曜日に同僚と話せるネタがないと感じてしまう。

私たちの視線はつねに、メディアに登場するインフルエンサーやスターアスリートに注がれ、彼らと同じバッグを持ち、彼らと同じレストランで食事をすれば、彼らのライフスタイルに浸《ひた》れると思っている。

しかし実際には、ほとんどの人の生活は、綿密につくりこまれたリアリティショーと違って、とくに面白いこともない。

私たちは平凡な一日を繰り返し、自分なりのライフスタイルで暮らしている。

もし有名人と同じようになりたいと願っても、**あまりにもギャップが大きすぎて、挫折感が増すだけ**だ。[8]

私がいちばん好きなインスタグラムのアカウントは、24人しかフォロワーがいない。写真はなかなか更新されないし、たまにアップされる写真は、信号機や電柱、駐車場の車、工場の看板、あるいは道端のショベルカーといった、ごくありふれた日常の風景だ。

疲れたと感じるとき、こういう写真がどこか現実感のある癒《い》やしをくれる。こんなにも平凡なものや、平凡な生活のかけらが、私にはとてもよいものに思えるのだ。

何もしない週末だってけっこう。旅行の計画がない夏休みだってけっこう。

平凡はすばらしい。

「時間の魔法」を使う

最近、『俺の家の話』という日本のドラマを観て、あごが落ちそうなほど驚いた。

「これは誰？　長瀬智也っていつの間にこんなになってたの!?」

私の長瀬智也のイメージは、金髪でスマートなアイドル桜庭裕一郎（2001年のドラマ『ムコ殿』の役名）で止まったままだった。

それがいまや、たくましい中年のお父さんになっているではないか。

映画『ヘルドッグス』やドラマ『インフォーマ』を観たときも、私は何度も目をこする羽目になった。ヤクザの殺し屋を生き生きと演じている岡田准一に森田剛、これは誰？　まさかあのアイドルグループV6のふたりじゃないわよね⁉

「Darling」（2003年）を歌っていたふたりは、青春まっただなかというイメージだったのに、気づけばもう酸《す》いも甘いもかみ分け、世に倦《う》んだ眼差しの殺し屋になっていたのだ。

心を落ち着けて計算してみれば、私が彼らに抱いていたイメージは、かれこれ20年前のものだった。

彼らが変わったのは、ごはんを食べたら眠くなるのと同じくらい当たり前のことだ。ましてや、もうジャニーズという名前すらなくなってしまったのだから。

生まれつき、人の顔を覚えるのが苦手な私は、グーグルで彼らの歩んできた軌跡を検索し、たしかにそれが彼ら本人だと確認した。そして、「これぞ時間の魔法というやつか」とため息をついた。

時間の魔法については、ネットでたびたび取り上げられる公式がある。

1・01倍を365回続けると、37・78だ。つまり私たちが毎日、昨日より1％

だけ多く努力し続ければ、1年後には37・78倍になっているということだ。

自己不信だって同じだ。

もちろん数式みたいに簡単にはいかないだろう。たとえば禁煙するときなども、ゴールに到達するまでにはたいてい紆余曲折《うよきょくせつ》があるものだ。それでも、少しずつでも前進し続ければ、**時間が魔法を発揮して、私たちをよくしていってくれる。**

話を戻そう。

中年になったアイドルというのは、前とは違う味があるように感じられた。

時間よ、ありがとう。

20年後の彼らを見られて本当によかった。

苦労している人を気遣える

長い闘いのあと、ニセモノ思考から完全に卒業できる人もいる。

米国公共ラジオで会長兼ＣＥＯを務めたビビアン・シラーは、58歳のときに初めて「ニセモノ思考が消えた」と感じたと言う。だがミシェル・オバマのように、自己不信の思いと生活をともにし続ける人もいる。

「奇跡」と「軌跡」の関係を覚えているだろうか。自己不信から完全に卒業するのは、長い長い道のりになるだろう。だがこのプロセスは、あなたにとってギフトになるかもしれない。

自己不信の声を小さくしていくたび、それは輝ける瞬間になる。風邪から回復するたび、あなたの免疫が強くなるのと、ちょうど同じように。

あなたはこのプロセスを通して、より深く自分を知り、自分の考えや価値を知り、心理的プレッシャーを感じたときに自分がどう反応するかを知ることになる。

それらはすべて貴重な経験だ。

この闘いの道のりは、あなたを有利にしてくれる可能性すらある。

チームのメンバーが似たような経験をしたとき、長らく自己不信に苦しんできたあなたと、最初から自分はすばらしいと信じている人とでは、どちらのほうがより親身になって寄り添えるだろうか？

自分は能力不足だと感じ、いつか見破られることを恐れ、いつも薄氷を踏んでいるようなあの感覚を、私たちは知っている。

そうした恐れや弱さを、共感と包容に変えて、強いリーダーシップとサポート力を発揮することができるはずだ。

自信がないから「人の意見」を聞ける

あなたはきっとよりよい同僚、上司、メンター、チームメンバーになれるし、貢献もできる。さらにその経験を通して、よりよい自分になれる。

ブレネー・ブラウンは言う。

「自分の強みを認識できれば、それはあなたが目標を達成するための道具になる」

自己不信を卒業したかどうかにかかわらず、闘いの記録はあなたの強みになる。

同時に、それは仲間とともに、卒業式に向かって進んでいく資格となる。

英語には、「どんな悪いことにもよい面がある（Every cloud has a silver lining.）」ということわざがある。

ウォートン・ビジネススクールのアダム・グラント教授は、**ニセモノ思考は私たちをよりよい働き手にしてくれる可能性がある**と指摘する。

なぜなら、（自分には能力が足りないと考えているため）モチベーションが高いし、（自分のやり方がベストだという自信がなく、まわりの意見を取り入れるため）新しいアプローチに挑戦しようとするし、（自分は知識不足だと思い、積極的にまわりの意見を聞く）よいリーダーになるからだ。[9]

ギフトというのは、ある種の才能や能力のように、いつも美しく包装されているとは限らない。

あなたの生い立ちや境遇、不利な状況、挫折なども、すべてギフトだ。たとえ見た目はぼろぼろだったとしても、それこそ天があなたに授けた大切なギフトなのだ。

謙虚すぎる性格も、視点を変えれば、ほかの人が買いたくても買えないユニークな素質だと言える。

私自身は、自己不信と格闘して数十年が経ったが、いまだに卒業できていない。

でもいまは私の「ニセニセ」と平和に共存している。

ときどき自信がなくなることもあるけれど、仕事に影響させない方法を、私はもう知っている。

自己不信は影のように私に寄り添い、どこにでもついてくる。でも私は、いざというときにニセニセをお利口にさせておく方法も知っている。

先ほどある国際企業から、女性リーダー育成プログラムについてインタビューを受けた。

彼らは私に、女性リーダーとしての経験と心構えについて話してほしいと言った。

「私は自分がリーダーだとは思っていません。ただの会社員ですから。でもマイノリティとしてチームを率いるなかで遭遇した困難や、自分が学んだ経験についてならお話しできます」

と私は答えた。

これはあとから知ったことだが、私が自分の自信のなさについて正直に話したことで、むしろ彼らは私が高みに立つ人間ではないとわかり、信用してくれたそうだ。

謙虚で控えめというギフトをもらったあなたは、自分が人よりも劣っていると思うだろうか？

実力不足を上司に見抜かれるのが怖いだろうか？

あなたが手にしたギフトが何なのか、もう一度よく見てほしい。

さあ、そのギフトと一緒に、前へ進もう！

謝辞

この本を執筆しているあいだ、私は何度か激しい自己不信に陥った。真の作家たちは、優雅に香り高いお茶などすすりながら、メロディアスな音楽をBGMに、軽やかにキーボードを叩き、世界を驚かせるようなすばらしい作品を悠々と仕上げているに違いない。

同時に、彼らはいくつもの会社を経営し、運営する講座は大人気、ポッドキャストの評判も高く、何度も世界を救っているのだろう。

それに対して私ときたら、デスクの上は参考資料に付箋《ふせん》だらけ、頭のなかはぐちゃぐちゃで、パソコンから流れる音楽はもう6日だか9日だか同じ曲の繰り返しだ。最後にまともな食事をしたのはいつだったかも思い出せないし、窓の外が明るくなったり暗くなったりするのを横目に、パソコンのほのかな光を浴びながら悪戦苦闘している。

人生は苦楽が織りあわされた交響曲のようなものだとザ・ヴァーヴは歌うが、本を書くのも同じかもしれない。

たしかに苦しみもあるが、その過程でたくさんの人と知り合った。なかには友だちになった人もいる。

そして本を書いたことで、世界各地から、これまで想像もしなかったほどの善意と愛を受け取った（もちろん芳しくない評価もあるけれど、それはまあおいておこう）。

前作から5年が経ち、また勇気をふりしぼって執筆しようと思ったのは、アーク・パブリッシングの淑雯《シューウェン》、多多《ドゥオドゥオ》、文薫《ウェンシュン》のエンパワーメントがあったからだ。感謝したい。

本書のなかで寛大にも自分の物語をシェアしてくれた、多くの人たちに感謝を。個人が特定されないように一部情報を改変してはいるが、どの人生経験もすべて奥深いものだった。

パリ・ファッションウィークと金鐘賞の合間を縫って撮影をしてくれたカメラマン・ヘアメイクチームの莎莎《シャーシャー》、愛可《アイホー》に感謝したい。

著名な野球解説者の曾文誠《ツォンウェンチォン》には、いつも温かい励ましをいただき感謝している。私も将来は彼のように強く温かい人間になりたいと願っている。

私のために推薦文を寄せてくださった国内外の巨人たち、ミカエラ・ムーティヒ、フラン・ハウザー、ジェサミー・ヒバード、藤吉雅春、竹下隆一郎、張國洋《ジャングオヤン》（ジョー）、楊士範《ヤンシーファン》（マリオ）、葉丙成《イエビンチエン》教授、楊斯棓《ヤンスーバン》医師、謝文憲《シエウェンシエン》、王永福《ワンヨンフー》にも感謝申し上げる。

彼らは世界を変えるために目まぐるしい日々を送っているにもかかわらず、みんなふたつ返事で引き受けてくれた。そのうえ自己不信を持つ私を寛容な心で支え、原稿を送るときも、私を励ますのを忘れなかった。この本にさまざまな視点をもたらしてくれたことに心から感謝する。

家族、とくに夫と子どもに感謝を。彼らがいなかったら、この本は永遠に私の頭の暗い引き出しにしまわれたままだった。

両親にも感謝したい。内向的で敏感で、小さいころからニセモノ思考を抱えているような子どもを育てるのは、容易ではなかっただろう。でもふたりが面倒を見てくれたおかげで、私はこうして大きくなれた。

前著の出版にともなって数多くの国を訪問したあと、私は台湾の作家であることがどれだけ幸運なことかを思い知った。台湾の出版業界や社会の多様さ、寛容さが、私のような無名の人間にも作家になる機会をくれた。

この土地が永遠に、自分らしさと自分の声を持ち続けられることを願っている。

最後に、ここまで読んでくださった読者のみなさんに感謝を捧げたい。

この本がコーヒーや音楽、朝の清々しい香り、あるいは一陣の風のように、みなさんに寄り添ってくれることを願う。

私たちはどこかで会うことがあるかもしれないし、ないかもしれない。どちらにしても、あなたは孤独ではない。もしよければ、ぜひフェイスブックのプライベートグループ「インポスター連盟（冒牌者聯盟）」に参加してほしい（サイトは繁体字）。きっとお互いにサポートし合うことができるはずだ。

いちばんの願いはもちろん、いつの日かあなたが自己不信を卒業し、この本が必要なくなることだ。そのときには、あなたを心から祝福したい。

参考文献

CHAPTER 1　「謙虚な人」の心のなか

1. Clance, P. R., & Imes, S. A. (1978). The imposter phenomenon in high achieving women: Dynamics and therapeutic intervention. *Psychotherapy: Theory, Research & Practice*, 15(3), 241–247.
2. Hibberd, J. (2019). *The imposter cure: Escape the mind-trap of imposter syndrome*. Aster.
3. Gravois, J. (2007). You're not fooling anyone. *The Chronicle of Higher Education*. https://www.chronicle.com/article/youre-not-fooling-anyone/
4. Young, V., & Impostor Syndrome Institute, LLC. (2022). You're not alone. https://impostorsyndrome.com/infographics/youre-not-alone/

CHAPTER 2　「完璧さ」にこだわらない

1. Kohn-Taylor, Sue. Perfectionism or high standards? The Mental Fitness Company. https://www.thementalfitnesscompany.com/perfectionism-or-high-standards
2. Forleo, M. (2019). *Everything is Figureoutable.* Portfolio.（マリー・フォーレオ著『あなたの才能を引き出すレッスン』瀧下哉代訳, KADOKAWA, 2020年）
3. Goodreads. https://www.goodreads.com/quotes/277700-luck-is-the-dividend-of-sweat-the-moreyou-sweat
4. Hauser, F. (2019). *The myth of the nice girl: Achieving a career you love without becoming a person you hate.* Mariner.
5. Di Michiel, P. (2018). How important is 'likeability' in job interviews? https://www.linkedin.com/pulse/how-important-likeability-job-interviews-paul-di-michiel/
6. Casciaro, T., & Sousa Lobo, M. (2005, June). Competent jerks, lovable fools, and the formation of social networks. *Harvard Business Review*. https://hbr.org/2005/06/competent-jerks-lovable-fools-and-the-formation-of-social-networks

CHAPTER 3　「自分の反応」を理解する

1. Mann, M., Hosman, C. M., Schaalma, H. P., & De Vries, N. K. (2004). Self-esteem in a broad-spectrum approach for mental health promotion. *Health Education Research*, 19(4), 357–372.
2. Festinger, L. (1954). A theory of social comparison processes. *Human Relations*, 7(2), 117–140.
3. Leary, M. R., Tambor, E. S., Terdal, S. K., & Downs, D. L. (1995). Self-esteem as an interpersonal monitor: The sociometer hypothesis. *Journal of Personality and Social Psychology*, 68(3), 518–530.
4. Beck, A. T. (1967). *Depression: Clinical, experimental, and theoretical aspects.* Harper & Row.
5. Butler, A. C., Chapman, J. E., Forman, E. M., & Beck, A. T. (2006). The empirical status of cognitive-behavioral therapy: A review of meta-analyses. *Clinical Psychology Review*, 26(1), 17–31.
6. Neff, K. D., Kirkpatrick, K. L., & Rude, S. S. (2007). Self-compassion and adaptive psychological functioning. *Journal of Research in Personality*, 41(1), 139–154.

7. House, J. S., Landis, K. R., & Umberson, D. (1988). Social relationships and health. *Science*, 241(4865), 540–545.
8. Sin, N. L., & Lyubomirsky, S. (2009). Enhancing well-being and alleviating depressive symptoms with positive psychology interventions: A practice-friendly meta-analysis. *Journal of Clinical Psychology*, 65(5), 467–487.
9. Keng, S. L., Smoski, M. J., & Robins, C. J. (2011). Effects of mindfulness on psychological health: A review of empirical studies. *Clinical Psychology Review*, 31(6), 1041–1056.
10. Facebook. Personal post. https://www.facebook.com/jackylec/posts/10160738627899194
11. Sandberg, S., & Grant, A. (2017). *Option B: Facing adversity, building resilience, and finding joy*. Knopf.（シェリル・サンドバーグ, アダム・グラント著『OPTION B 逆境、レジリエンス、そして喜び』櫻井祐子訳, 日本経済新聞出版社, 2017年）
12. Forleo, M. (2019). *Everything is Figureoutable.* Portfolio.（マリー・フォーレオ著『あなたの才能を引き出すレッスン』瀧下哉代訳, KADOKAWA, 2020年）
13. Guise, S. (2015). *How to be an imperfectionist: The new way to self-acceptance, fearless living, and freedom from perfectionism.* Selective Entertainment LLC.
14. Thompson, T., Foreman, P., & Martin, F. (2000). Impostor fears and perfectionistic concern over mistakes. *Personality and Individual Differences*, 29(4), 629–647.
15. Linley, P. A., & Joseph, S. (2004). Positive change following trauma and adversity: A review. *Journal of Traumatic Stress*, 17(1), 11–21.
16. Tedeschi, R. G., & Calhoun, L. G. (2004). Posttraumatic growth: Conceptual foundations and empirical evidence. *Psychological Inquiry*, 15(1), 1–18.
17. 水島廣子. (2019). *用對情緒，可以幫自己療傷：做再好總會有人不爽你！　你並非不夠好，而是對自己不夠好*. 方言文化. (Original title: 水島広子著『「心がボロボロ」がスーッとラクになる本』さくら舎, 2012年)

CHAPTER 5　「継続できる目標」を設定する

1. Wilding, M. (2021). *Trust yourself: Stop overthinking and channel your emotions for success at work.* Chronicle Prism.（メロディ・ワイルディング著『満たされない気持ちの解決法』片桐恵理子訳, パンローリング, 2022年）
2. Zuckerberg, R. (2018). *Pick three: You can have it all (just not every day).* Dey Street Books.（ランディ・ザッカーバーグ著『ピック・スリー』三輪美矢子訳, 東洋経済新報社, 2020年）
3. Guise, S. (2015). *How to be an imperfectionist: The new way to self-acceptance, fearless living, and freedom from perfectionism.* Selective Entertainment LLC.
4. 同1.
5. Jablow, A. (2022, July 6). How do you know when it's time to quit? *Forbes*. https://www.forbes.com/sites/forbescoachescouncil/2022/07/06/how-do-you-know-when-its-time-to-quit/
6. Ferriss, T. [@tferriss]. (2021, November 20). https://x.com/tferriss/status/1461810153066541058?lang=en

CHAPTER 6　「レジリエンス」を高める

1. OECD. (2019). *PISA 2018 results (Volume III): What school life means for students' lives.* Chapter 13. Students' self-efficacy and fear of failure. OECD Publishing. https://www.oecd.org/en/

publications/pisa-2018-results-volume-iii_acd78851-en/full-report/component-19.html#chap14

2. Bayles, D., & Orland, T. (1993). *Art & fear: Observations on the perils (and rewards) of artmaking.* Santa Cruz, CA: The Imagine Continuum Press.（デイヴィッド・ベイルズ, テッド・オーランド著『アーティストのためのハンドブック』野崎武夫訳, フィルムアート社, 2011年）
3. Guise, S. (2015). *How to be an imperfectionist: The new way to self-acceptance, fearless living, and freedom from perfectionism.* Selective Entertainment LLC.
4. Moran, J. (2016). *Shrinking violets: The secret life of shyness.* Profile Books.
5. Setiya, K. (2022). *Life is hard: How philosophy can help us find our way.* Riverhead Books.
6. Herman, T. (2019). *The alter ego effect: The power of secret identities to transform your life.* Harper Business.（トッド・ハーマン著『ALTER EGO 超・自己成長術』福井久美子訳, ダイヤモンド社, 2019年）
7. Smith, R. (2022, September 4). Why did Beyoncé create alter-ego Sasha Fierce — and does she still use it? *Mirror.* https://www.mirror.co.uk/3am/celebrity-news/beyonc-create-alter-ego-sasha-27894824
8. 同7.
9. Duckworth, A. L., Grant, H., Loew, B., Oettingen, G., & Gollwitzer, P. M. (2011). Self-regulation strategies improve self-discipline in adolescents: Benefits of mental contrasting and implementation intentions. *Educational Psychology*, 31(1), 17–26.

CHAPTER 7 「自己評価」を上げる

1. Kruger, J., & Dunning, D. (1999). Unskilled and unaware of it: How difficulties in recognizing one's own incompetence lead to inflated self-assessments. *Journal of Personality and Social Psychology*, 77(6), 1121–1134.
2. Hibberd, J. (2019). *The imposter cure: Escape the mind-trap of imposter syndrome.* Aster.
3. 梁在鎮, & 梁在雄. (2022). *連我都不瞭解自己內心的時候：韓國90萬人的線上心理師，陪你重新理解不安、憂鬱與焦慮，找到痛點，正視內心的求救訊號.* 方舟文化. (Original title: *내 마음을 나도 모를 때*)
4. Brown, B. (2007). *I thought it was just me (but it isn't): Making the journey from "What will people think?" to "I am enough".* Gotham Books.
5. Brown, B. (2013, March 21.). Finding shelter in a shame storm (and avoiding the flying debris). Oprah.com. https://www.oprah.com/spirit/brene-brown-how-to-conquer-shame-friends-who-matter/all
6. Mann, S. (2019). *Why do I feel like an imposter?: How to understand and cope with imposter syndrome.* Watkins.
7. Dweck, C. S. (2006). *Mindset: The new psychology of success.* Random House.（キャロル・S・ドゥエック著『マインドセット「やればできる！」の研究』今西康子訳, 草思社, 2016年）

CHAPTER 8 「SNSの沼」から抜け出す

1. Wikipedia. 错失恐惧症. https://zh.wikipedia.org/wiki/%E9%94%99%E5%A4%B1%E6%81%90%E6%83%A7%E7%97%87
2. 1981年から1996年のあいだに生まれた世代。「Y 世代」とも呼ばれる。
3. Carter, C. (2016, November 1). Why so many millennials experience impostor syndrome. *Forbes.* https://www.forbes.com/sites/christinecarter/2016/11/01/why-so-many-millennials-

experience-imposter-syndrome/?sh=1cefc1ca6aeb
4. Galante, A., & Alam, N. (2019). The impact of social media on self-perception among college students. *Annals of Social Science & Management Studies*, 4(1), 3–9.
5. Mishra, B., & Kewalramani, S. (2023). Social media use, maladaptive daydreaming, and imposter phenomenon in younger adults. *Journal of Advance Research in Science and Social Science*, 6(1), 223–231.
6. The Chill Times. How Instagram can trigger impostor syndrome — and how to overcome it. https://www.thechilltimes.com/how-instagram-can-trigger-imposter-syndrome-and-how-to-overcome-it/（現在はアクセス不可）
7. Eyal, N., & Li, J. (2019). *Indistractable: How to control your attention and choose your life*. Bloomsbury Publishing.（ニール・イヤール, ジュリー・リー著『最強の集中力』野中香方子訳, 日経 BP, 2020年）
8. Clear, J. (2018). *Atomic habits: An easy & proven way to build good habits & break bad ones*. Avery.（ジェームズ・クリアー著『ジェームズ・クリアー式 複利で伸びる1つの習慣』牛原眞弓訳, パンローリング, 2019年）
9. Harris, R. (2008). *The happiness trap: How to stop struggling and start living: A guide to ACT*. Trumpeter.（ラス・ハリス著『幸福になりたいなら幸福になろうとしてはいけない』岩下慶一訳, 筑摩書房, 2015年）
10. Forleo, M. (2019). *Everything is Figureoutable*. Portfolio.（マリー・フォーレオ著『あなたの才能を引き出すレッスン』瀧下哉代訳, KADOKAWA, 2020年）
11. Morgan McKinley. (2016, May 13). Four things Kobe teaches us on how to have a successful career. Morgan McKinley. https://www.morganmckinley.com.cn/en/article/four-things-kobe-teaches-us-how-have-successful-career
12. 韓森, 安德斯. (2022). 拯救手機腦：每天5分鐘，終結數位焦慮，找回快樂與專注力. 究竟.（Original title: Skärmhjärnan. アンデシュ・ハンセン著『スマホ脳』久山葉子訳, 新潮社, 2020年）
13. Lembke, A. (2021). *Dopamine nation: Finding balance in the age of indulgence*. Dutton.（アンナ・レンブケ著『ドーパミン中毒』恩蔵絢子訳, 新潮社, 2022年）

CHAPTER 9　違うことは「強み」である

1. Wikipedia. Forbes. https://en.wikipedia.org/wiki/Forbes
2. Brown, B. (2007). *I thought it was just me (but it isn't): Making the journey from "What will people think?" to "I am enough"*. Gotham Books.
3. Bauer, T. N., & Erdogan, B. (2011). Organizational socialization: The effective onboarding of new employees. In APA handbook of I/O psychology (Vol. III, pp. 51–64). American Psychological Association.
4. Hibberd, J. (2019). *The imposter cure: Escape the mind-trap of imposter syndrome*. Aster.
5. Obama, M. (2022). *The light we carry: Overcoming in uncertain times*. Crown.（ミシェル・オバマ著『心に、光を。』山田文訳, KADOKAWA, 2023年）
6. Whitford, E. (2018, November 13). Michelle Obama on Princeton. Inside Higher Ed. https://www.insidehighered.com/news/2018/11/14/michelle-obama-talks-about-her-experience-princeton-first-time-new-book

CHAPTER 10　「ここぞ」の場面で主張する

1. 王永福「プロフェッショナル・プレゼンテーション」講座（現在は開講していない）。王永福『上台的技術』（商周出版, 2014）を参照。

2. Locke, E. A., & Latham, G. P. (2006). New directions in goal-setting theory. *Current Directions in Psychological Science*, 15(5), 265–268.

CHAPTER 11 「変化への抵抗」を消し去る

1. Goodreads. https://www.goodreads.com/quotes/209560-we-must-all-suffer-from-one-of-twopains-the
2. Lewis, A. (2011). *The 7 minute solution.* Atria Books.
3. Wilding, M. (2021). *Trust yourself: Stop overthinking and channel your emotions for success at work.* Chronicle Prism. (メロディ・ワイルディング著『満たされない気持ちの解決法』片桐恵理子訳, パンローリング, 2022年)
4. Hauser, F. (2019). *The myth of the nice girl: Achieving a career you love without becoming a person you hate*. Mariner.

CHAPTER 12 さりげなく絶妙に「アピール」する

1. Guise, S. (2015). *How to be an imperfectionist: The new way to self-acceptance, fearless living, and freedom from perfectionism*. Selective Entertainment LLC.
2. 達斯. (2019, March 13). 肉眼看不見的棒球—認識大聯盟數據分析系統. 運動視界. https://www.sportsv.net/articles/60638
3. 李秉昇. (2020, April 21). 【大聯盟小百科】捕手偷好球 (Catcher Framing). 棒球觀點. http://jackybaseball.blogspot.com/2020/04/catcher-framing.html

CHAPTER 13 謙虚な人の戦略的交渉術

1. Hauser, F. (2019). *The myth of the nice girl: Achieving a career you love without becoming a person you hate*. Mariner.
2. ハーブ・アッカーマンが提唱した、交渉のための5つのステップ。目標の設定、最低収益ラインの設定、最初の提示額の計算、譲歩のタイミングと金額の計画、金銭以外の条件の議論。
3. Chapman, J. (2011). *Negotiating your salary: how to make $1000 a minute*. Mount Vernon Press.
4. Fisher, R., Ury, W., & Patton, B. (2011). *Getting to yes: Negotiating agreement without giving in.* Pengiun Books. (ロジャー・フィッシャー, ウィリアム・ユーリー著『ハーバード流交渉術』岩瀬大輔訳, 三笠書房, 2011年).
5. Grant, A. [@AdamMGrant]. (2021, October 19). https://x.com/AdamMGrant/status/1450475032312963075
6. 同1.
7. Voss, C., & Raz, T. (2016). *Never split the difference: Negotiating as if your life depended on it.* Harper Business. (クリス・ヴォス, タール・ラズ著『逆転交渉術』佐藤桂訳, 早川書房, 2018年)
8. http://www.greatest-inspirational-quotes.com/inspirational-sales-quotes.html (現在はアクセス不可)
9. Diamond, S. (2010). *Getting more: How you can negotiate to succeed in work and life.* Crown Currency. (スチュアート・ダイアモンド著『ウォートン流 人生のすべてにおいてもっとトクをする新しい交渉術』櫻井祐子訳, 集英社, 2012年)
10. Ury, W. (2007). *Getting past no: Negotiating in difficult situations*. Bantam. (ウィリアム・ユーリー著『【決定版】ハーバード流 NOと言わせない交渉術』斎藤精一郎訳, 三笠書房, 2010年)

CHAPTER 14　人間関係は「境界線」でうまくいく

1. 杨彬彬, & 冯睿. (2003, December 8). 娱乐：《指环王3》在美首映 众影迷激动不已. Sina Entertainment. http://ent.sina.com.cn/m/c/2003-12-08/0909248431.html
2. Obama, M. (2018). *Becoming*. Crown. (ミシェル・オバマ著『マイ・ストーリー』長尾莉紗, 柴田さとみ訳、集英社, 2019年)
3. 張敏敏. (2021). *拒絕職場情緒耗竭：24個高情商溝通技巧, 主動回擊主管、同事、下屬的情緒傷害*. 天下雜誌.
4. Patterson, K., Grenny, J., McMillan, R., & Switzler, A. (2011). Crucial conversations: tools for talking when stakes are high (2nd ed.). McGraw-Hill. (ケリー・パターソン, ジョセフ・グレニー, ロン・マクミラン, アル・スウィッツラー著『クルーシャル・カンバセーション』山田美明訳, パンローリング, 2018年)
5. 同4.

CHAPTER 16　「謙虚なリーダー」に人はついてくる

1. Hibberd, J. (2019). *The imposter cure: Escape the mind-trap of imposter syndrome*. Aster.
2. Branson, R. (2011). *Losing my virginity: How I survived, had fun, and made a fortune doing business my way*. Crown Currency. (リチャード・ブランソン著『ヴァージン 僕は世界を変えていく』植山周一郎訳, TBSブリタニカ, 2003年)
3. Hamilton, I. A. (2019, June 28). Elon Musk just admitted he suffers from self-doubt over his public speaking, a skill critics have hounded him over. *Business Insider*. https://www.businessinsider.com/elon-musk-suffers-self-doubt-over-public-speaking-2019-6
4. Forbes Human Resources Council. (2022, November 2). HR professionals discuss 14 ways to defeat the imposter syndrome. *Forbes*. https://www.forbes.com/councils/forbeshumanresourcescouncil/2022/11/02/hr-professionals-discuss-14-ways-to-defeat-the-imposter-syndrome/
5. McKeever, V. (2021, July 27). Billionaire Richard Branson has this advice for overcoming self-doubt. *CNBC*. https://www.cnbc.com/2021/07/27/billionaire-richard-branson-has-this-advice-for-overcoming-self-doubt.html
6. Brown, B. (2018). *Dare to lead: Brave work. Tough conversations. Whole hearts*. Random House. (ブレネー・ブラウン著『dare to lead リーダーに必要な勇気を磨く』片桐恵理子訳, サンマーク出版, 2025年)
7. Scott, K. (2017). *Radical candor: Be a kick-ass boss without losing your humanity*. St. Martin's Press. (キム・スコット著『GREAT BOSS シリコンバレー式ずけずけ言う力』関美和訳, 東洋経済新報社, 2019年)

CHAPTER 17　その個性を「武器」にする

1. Lucia, G. (2019, March 1). An introvert's guide to beating imposter syndrome. Introvert, Dear. https://introvertdear.com/news/an-introverts-guide-to-beating-imposter-syndrome/
2. McKinnon, T. Why I'm not crazy. Scribd. https://www.scribd.com/document/440970657/Why-I-m-Not-Crazy-Todd-McKinnon-Okta-002#

CHAPTER 18　「唯一無二」の存在になる

1. Wikipedia. Eminem. https://zh.wikipedia.org/zh-tw/Eminem
2. Eminem. Legacy. EminemMusic. [YouTube]. https://www.youtube.com/watch?v=GBIi2vhPgEM&t=1s
3. Bozza, A. (2002, July 4). Eminem: The Rolling Stone interview. *Rolling Stone*. https://www.rollingstone.com/music/music-features/eminem-the-rolling-stone-interview-55203/

4. 2021年の段階で, 台湾の67.46パーセントの住宅が, エレベーターのない(しかも階段の幅が狭く, 昇降機をつけるのに適していない)マンションだった.
西方. (2022, August 20). 許朝富、陳明里 讓行動不便者也能行無礙 *人間福報*. https://www.merit-times.com.tw/NewsPage.aspx?unid=806812
5. Mills, T. (2021, February 8). Sideline to Byline: 'Tiger' uplifts discussion on mental health. DAILY TROJAN. https://dailytrojan.com/2021/02/08/sideline-to-byline-tiger-uplifts-discussion-on-mental-health/
6. Carreyrou, J. (2018). *Bad blood: Secrets and lies in a Silicon Valley startup*. Knopf. (ジョン・キャリールー著『BAD BLOOD シリコンバレー最大の捏造スキャンダル全真相』関美和, 櫻井祐子訳, 集英社, 2021年)
7. Wiedeman, R. (2020). *Billion dollar loser: The epic rise and spectacular fall of Adam Neumann and WeWork*. Little, Brown and Company.
8. Huang, S. (2015, October 6). 好的同事帶你上天堂—建構你的辦公室 SUPPORT NET. CAREhER.
9. Dutton, J. E. (2003). *Energize your workplace: How to create and sustain high-quality connections at work*. Jossey-Bass.
10. Vicinanza, E., & Vicinanza, E. Napoleon Hill's definition, mastermind. https://vicinanzaedwardandelise.com/napoleon-hills-definition-mastermind/
11. Burns, S. (2013, October 21). 7 reasons to join a mastermind group. *Forbes*. https://www.forbes.com/sites/chicceo/2013/10/21/7-reasons-to-join-a-mastermind-group/
12. Clark, D. (2015, August 14). Create a "mastermind group" to help your career. *Harvard Business Review*. https://hbr.org/2015/08/create-a-mastermind-group-to-help-your-career

おわりに

1. 法蘭切絲卡, 桑娜. (2018). *我和怕怕*. 字畝文化. (Original title: *Me and My Fear*. フランチェスカ・サンナ著『ひみつのビクビク』中川千尋訳, 廣済堂あかつき, 2019年)
2. Orbé-Austin, L., & Orbé-Austin, R. (2020). *Own your greatness: Overcome imposter syndrome, beat self-doubt, and succeed in life*. Ulysses Press.
3. Guise, S. (2015). *How to be an imperfectionist: The new way to self-acceptance, fearless living, and freedom from perfectionism.* Selective Entertainment LLC.
4. 盧建彰 (Kurt). (2020, April 30). 謝謝, 只叫. *動腦新聞*. https://www.brain.com.tw/news/articlecontent?ID=48840&sort=
5. 同3.
6. Marketing Charts (2019). How many online display ads do people see each month? https://www.marketingcharts.com/advertising-trends/ad-spendingand-costs-51182 (現在はアクセス不可)
7. Prodanoff, J. T. (2023, March 6). How many ads do we see a day? 17 insightful stats. WebTribunal. https://webtribunal.net/blog/how-many-ads-do-we-see-a-day/#gref
8. Brown, B. (2007). *I thought it was just me (but it isn't): Making the journey from "What will people think?" to "I am enough"*. Gotham Books.
9. Grant, A. (2021). *Think again: The power of knowing what you don't know*. Viking. (アダム・グラント著『THINK AGAIN 発想を変える、思い込みを手放す』楠木建監訳, 三笠書房, 2022年)

翻訳の底本には、張瀞仁著『不假裝，也能閃閃發光：停止自我否定、治癒內在脆弱，擁抱成就和讚美的幸福配方』（方舟文化，2024）を使用し、著者と相談のうえ日本の読者に合わせて編集を施した。

［著者］
ジル・チャン（Jill Chang）
ミネソタ大学大学院修士課程修了。15年以上にわたり、アメリカ州政府やメジャーリーグなどさまざまな業界で活躍してきた。世界各地で行ったスピーチは300回以上。2018年、ガールズ・イン・テック台湾40アンダー40受賞。著書『「静かな人」の戦略書』は台湾でベストセラー1位となり、20週にわたりトップ10にランクイン、アメリカで第23回Foreword INDIESブック・オブ・ザ・イヤー特別賞に選出。日本でも翻訳者・編集者・エージェントが薦めるノンフィクション翻訳書「今年の3冊」第1位（2022年度）に選出、20万部を超えるベストセラーに。現在は国際フィランソロピー・アドバイザーとして、アメリカの寄付者の国際寄付プログラムや、アジア諸国の非営利団体の海外ファンドレイジング戦略を支援している。また、企業や個人が内向的で謙虚な特性を最大限に生かせるよう支援している。

［訳者］
中村加代子（なかむら・かよこ）
1980年、東京生まれ。ライター、翻訳者。慶應義塾大学大学院社会学研究科修士課程修了。谷中・根津・千駄木界隈の本好きの集まり「不忍ブックストリート」の実行委員として、2006年より「一箱古本市」の運営や「不忍ブックストリートMAP」の編集に携わる。2017年に発足した、台湾の本に関する情報を日本に発信するユニット「太台本屋 tai-tai books」の一員。訳書にハリー・チェン『台湾レトロ氷菓店』（グラフィック社）、陳柔縉『台湾博覧会1935 スタンプコレクション』（東京堂出版）、朱和之『南光』（春秋社）がある。

「謙虚な人」の作戦帳
——誰もが前に出たがる世界で控えめな人がうまくいく法

2025年4月15日　第1刷発行

著　者——ジル・チャン
訳　者——中村加代子
発行所——ダイヤモンド社
〒150-8409　東京都渋谷区神宮前6-12-17
https://www.diamond.co.jp/
電話／03･5778･7233（編集）　03･5778･7240（販売）

ブックデザイン—小口翔平＋青山風音（tobufune）
本文DTP——キャップス
校正————LIBERO
製作進行——ダイヤモンド・グラフィック社
印刷————勇進印刷
製本————ブックアート
編集担当——三浦岳

ISBN 978-4-478-12121-4